A CULINÁRIA DE RORAIMA

FLÁVIO FERRAZ

A CULINÁRIA DE RORAIMA

Ilustração
ALICE TASSARA

Metalivros
São Paulo, 2021

AGRADECIMENTOS

Eneida Carvalho Ferraz Cruz
Helena Tassara
Rosa Belluzzo

CRÉDITOS EDITORIAIS

Projeto Editorial, Pesquisa e Texto
Flávio Ferraz

Ilustrações Especiais
Alice Tassara

Direção Editorial e Gráfica
Ronaldo Graça Couto

Direção de Arte e Diagramação
Katia Harumi Terasaka Aniya

Gerência Editorial e Gráfica
Bianka Tomie Ortega

Revisão de Texto
Ricardo Duarte

Secretaria Administrativa
Roberta Vieira

Impressão e Acabamento
Oficina Gráfica, São Paulo

SUMÁRIO

PEIXES

CARNES E AVES

ALIMENTOS DA TRADIÇÃO INDÍGENA

ACOMPANHAMENTOS, INGREDIENTES E CONDIMENTOS

COMIDAS DE RUA E LANCHES

DOCES E BOLOS

BEBIDAS

APRESENTAÇÃO

É natural que a empreitada de pesquisa e escrita de um livro como este tenha como ponto de partida ao menos duas perguntas fundamentais: haveria uma culinária roraimense propriamente dita? Se sim, em que ela consiste? Tentarei aqui responder a essas questões por meio de um estudo sobre os hábitos alimentares característicos de Roraima, seguido por um conjunto de receitas que hoje são reconhecidamente típicas do estado. A rigor, a pergunta sobre a existência de uma culinária peculiar aplica-se a qualquer região que se queira investigar. Foi a partir de uma questão como essa, por exemplo, que conduzi um trabalho de pesquisa que resultou numa obra sobre a culinária do Rio de Janeiro.[1] Ali, eu afirmava que uma das motivações para levar a cabo tal tarefa era o fato de não existir, até então, um livro que tratasse propriamente da culinária fluminense, juntando sua história e suas receitas típicas, antigas e contemporâneas. Pois bem, utilizo a mesma justificativa para aventurar-me agora por terras e águas roraimenses.

Para além dessa motivação, posso ainda remeter a uma lembrança que talvez já tivesse despertado meu interesse por Roraima e seus costumes gastronômicos. No ano de 1992, em animada roda de conversa nos intervalos de uma reunião científica em Manaus, ouvi com vívido interesse o relato de um colega roraimense sobre as caçadas de que participara na mocidade no estado natal. Contava-nos ele que os porcos que escapavam das fazendas acabavam por instalar-se na mata, transformando-se em autênticos animais selvagens, magros e bastante ágeis. Mas, na época da safra do buriti, havia tamanha abundância da fruta no chão que os porcos dela se empanturravam a ponto de engordar enormemente, tornando-se lentos e, portanto, presa fácil. Era quando os caçadores, a cavalo, partiam para a chamada "caça do porco montado", agora capturado sem grande esforço pelos caçadores. De-

1. FERRAZ, Flávio. *A culinária do Rio de Janeiro*: da colônia à atualidade. São Paulo: Metalivros, 2017.

talhe inesquecível era a descrição da cor do toucinho desse animal quando aberto para o aproveitamento culinário: em razão do excesso da ingestão do buriti, a banha possuía forte tonalidade amarela! E assim minha imaginação já migrava para as caçadas em Roraima e para aquela carne de porco colorida e temperada pelos buritis, fruta que, para mim, se associava às paisagens de Guimarães Rosa.

Em geral, em livros ou coleções dedicados à culinária regional brasileira, os estados do Norte compõem um único capítulo ou volume.[2] Apenas a cozinha do Pará vez ou outra ganha o direito à individualidade, apontada, não raro, como o próprio paradigma da cultura gastronômica da ampla região amazônica. É inegável que há razões para postular uma relativa unidade culinária que perpassa as fronteiras estaduais do Norte brasileiro, e até mesmo as fronteiras internacionais. Além de existir forte influência indígena sobre os costumes alimentares e as técnicas culinárias, os ingredientes nativos são, em grande parte, comuns aos estados da região. Exceção feita ao Tocantins, que, desmembrado de Goiás, mescla a tradição amazônica com a do Centro-Oeste, caracterizada por ingredientes do Cerrado e pela influência do tronco culinário da chamada Paulistânia, área historicamente demarcada pela expansão territorial dos paulistas no tempo das entradas e bandeiras.[3]

Ana Judith de Carvalho,[4] por exemplo, prioriza o aspecto de unidade da culinária nortista afirmando ser difícil distinguir cada uma das cozinhas dos estados da região: "Pode-se considerar, de forma abrangente e sem problemas, uma cozinha amazônica que inclui toda a região Norte. Convém não esquecer, no caso, que a tradição da culinária da Amazônia, e dada a fisiografia da região – florestas e rios em abundância –, resiste a qualquer investigação mais pormenorizada sobre a natureza e a identificação dos seus pratos, com listagens específicas de receitas para estados como Acre, Tocan-

2. BOSISIO, Arthur (coord.). *Culinária amazônica*: o sabor da natureza. Rio de Janeiro: Senac, 2000; TREVISANI, Bruna. *A cozinha amazônica*. São Paulo: Melhoramentos, 2002.

3. Sobre o processo de colonização de parte do território brasileiro pelos paulistas e sua incidência na culinária, cf. DÓRIA, Carlos Alberto; CORRÊA, Marcelo. *A culinária caipira da Paulistânia*: a história e as receitas de um modo antigo de comer. São Paulo: Três Estrelas, 2018.

4. CARVALHO, Ana Judith de. *Cozinha típica brasileira*: sertaneja e regional. Rio de Janeiro: Ediouro, 1998. p. 15.

tins, Roraima, Amapá, Rondônia e até mesmo, em parte, para o interior do Amazonas e do Pará".

Ricardo Pandolfi,[5] por sua vez, corrobora esse ponto de vista, embora fazendo apontamentos que já direcionam para alguma eventual distinção entre as cozinhas dos estados do Norte. Para tanto, distingue o que pode haver de peculiar em cada um deles, ou seja, o prato que cada um teria para "chamar de seu". No caso de Roraima, menciona a damorida,[6] ensopado de peixe originário das etnias Makuxi e Wapixana, hoje popular entre toda a população como ícone do receituário propriamente estadual. Essa iguaria, então, estaria para Roraima do mesmo modo que estão a moqueca para a Bahia, o empadão para Goiás, o tutu para Minas Gerais, o virado para São Paulo, o barreado para o Paraná, o pato no tucupi para o Pará, e assim por diante.

É claro que os costumes alimentares não respeitam os limites da geografia política. Seria espantoso se o fizessem. Poderíamos muito bem dizer sobre o Nordeste o que os autores mencionados postularam para o Norte. A rigor, não é possível distinguir o que pertence a qual unidade da Federação. A cozinha sertaneja nordestina vai do Maranhão à Bahia, atravessando praticamente todos os estados da região. Pode-se ainda ampliar a ideia para as demais regiões do país. O que forja um costume alimentar é a confluência de elementos naturais e históricos, que só parcialmente se ajustam ao mapa político. A canjiquinha mineira, por exemplo, é a mesma dos interiores de São Paulo, Rio de Janeiro e Goiás. No Paraná, dá o ar da graça com o nome de "quirera lapeana". O arroz de carreteiro é tanto gaúcho como sul-mato-grossense. A mojica de peixe aparece no Norte e no Centro-Oeste, embora haja variações consideráveis na receita de lugar para lugar. A maniçoba, comum no Pará, atravessa uma longa faixa territorial para surgir, Deus sabe como, no Recôncavo Baiano. Os exemplos são infinitos. Mas é importante notar que, ainda que sejam os mesmos, é comum que os pratos ganhem

5. PANDOLFI, Ricardo. *Amazônia*. São Paulo: Abril Coleções, 2009. p. 16. (Cozinha regional brasileira, v. 19).

6. Na internet, muitas vezes, a palavra aparece grafada como "damurida". Entretanto, adotarei aqui a grafia "damorida", como consta em NASCIMENTO FILHO, Herundino Ribeiro do *et al*. Pimentas do gênero *Capsicum* cultivadas em Roraima, Amazônia brasileira. *Acta Amazonica,* v. 4, n. 37, p. 561-568, 2007.

nuances diferentes aqui e ali: um tempero a mais ou a menos, um ingrediente substituído por outro etc.

De minha parte, eu diria que concordo até certo ponto com o pressuposto da unidade culinária amazônica. Claro que existe uma base comum, devida à comunidade de ingredientes e técnicas. Mas as culturas indígenas, obviamente, são diversas e introduzem influências culinárias diferentes nas proximidades de seus territórios. Cabe lembrar que o crescimento populacional de cada estado não se deu uniformemente. Cada qual recebeu, em porções e momentos distintos, levas de migrantes que trouxeram consigo hábitos alimentares que foram se misturando com os locais. A cultura urbana também foi adquirindo nuances, expressas sobretudo na cozinha que floresceu nas ruas, nos bares e nos restaurantes.

Por todas essas razões, temos motivo para crer que é factível isolar, mesmo que *grosso modo*, a culinária peculiar a cada estado, sabendo que sempre existirá superposição de receitas, mas também que se encontrarão variações que justificam a aposição, nos nomes, de gentílicos estaduais que as distingam. Como exemplo disso, pode-se mencionar que a receita do pé de moleque de carimã,[7] que vem da matriz nordestina e é seguida quase à risca no Amazonas, em Boa Vista não inclui necessariamente leite de coco, e ainda por cima foi acrescentada banana na fórmula; ou que o pirarucu desfiado roraimense, assemelhado ao pirarucu de casaca amazônico, tem receita mais enxuta, dispensando alguns ingredientes coadjuvantes. Por fim, sempre haverá margem para a identificação de alguns pratos exclusivamente "estaduais", caso da damorida, de origem indígena.

Minha pesquisa evidenciou que contamos hoje com um significativo número de livros e *sites* (confiáveis) que permitem delimitar o que vem a ser a culinária roraimense, bem como a de qualquer outro estado, por menor que seja. Exemplo disso é o trabalho de investigação em campo levado a cabo por Rusty Marcellini e Rodrigo Ferraz,[8] que mostra a riqueza dos

7. O pé de moleque do Norte e do Nordeste é feito à base de carimã (massa puba), diferentemente daquele do Sudeste, à base de amendoim, ou do caiçara dos litorais fluminense e paulista, à base de gergelim.

8. MARCELLINI, Rusty; FERRAZ, Rodrigo. *Fartura*: Expedição Brasil Gastronômico. São Paulo: Melhoramentos, 2015. v. 3.

ingredientes da terra e as técnicas de preparo de comidas e bebidas tradicionais, ligando o elemento indígena ao urbano.

Roraima tornou-se oficialmente estado em 1988. Antes disso, tinha o *status* de território federal, criado por ato do presidente Getúlio Vargas, em 1943, com o nome de Rio Branco – apenas em 1960 mudaria de nome para Território de Roraima. Estado brasileiro com a menor população, abriga em contrapartida o maior percentual de indígenas entre seus habitantes, bem como detém a maior porcentagem de terras indígenas demarcadas.

Os colonizadores só foram adentrar a região de Roraima, por meio do rio Branco, 200 anos após a chegada dos primeiros europeus ao Brasil. A capital, Boa Vista, originada de uma das fazendas de gado do Vale do Rio Branco, foi fundada em 1830 e elevada à condição de cidade em 1890.

No fim do século XVIII, foi introduzida a criação de gado bovino na região, incialmente às margens do rio Uraricoera, expandindo-se depois para as vizinhanças. Nas décadas finais do século XX, foi a vez da introdução do garimpo, uma vez que o subsolo roraimense é rico em minerais. Entretanto, a atividade entrou em franca colisão com os direitos dos indígenas sobre as terras. Como parte das tentativas de assegurá-los, em 1992 foi criado o Parque Indígena Yanomami. Outros conflitos ainda teriam lugar no estado, como aquele travado, já no século XXI, entre os indígenas e os fazendeiros que plantavam arroz, conhecidos como "arrozeiros". A última área indígena demarcada, em 2005, foi a da Raposa Serra do Sol, no nordeste do estado, onde vivem as etnias Makuxi, Ingarikó, Wapixana, Taurepang e Patomona.

No ano de 2018, Roraima passou a enfrentar o problema da chegada em massa de venezuelanos, os quais tiveram de deixar o país natal em razão da grave crise política e econômica que viviam. A cidade de Pacaraima tornou-se ponto de entrada dos refugiados, que dali se dirigiam a Boa Vista em busca de abrigo e trabalho.

Com predominância de terrenos planos e clima tropical úmido na maior parte do território, a cobertura vegetal preponderante em Roraima é típica da floresta tropical. Nas áreas setentrional e oriental encontram-se áreas de campos e cerrados, ali conhecidos como "lavrados". As frutas nativas são, em geral, as mesmas da Amazônia brasileira. De especial importância para a alimentação e a culinária são as palmeiras, todas da família botânica das arecáceas: açaí (*Euterpe oleracea*), bacaba (*Oenocarpus bacaba*), buriti (*Mauritia flexuosa*), pupunha (*Bactris gasipaes*), tucumã (*Astrocaryum aculeatum*), e outras.[9] Delas se aproveitam os frutos e o palmito. Do buriti, particularmente, extrai-se a polpa, que se presta, entre outros fins, à fabricação de um doce e uma bebida (ali chamada de "vinho") muito tradicionais. Também se faz uma farinha usada em massa para bolo. Com a casca, faz-se chá.[10]

Entre as frutas importantes na alimentação estão bacuri (*Platonia insignis*), caçari ou camu-camu (*Myrciaria dubia*), castanha-do-pará (*Bertholletia excelsa*), cupuaçu (*Theobroma grandiflorum*), graviola (*Annona muricata*), guaraná (*Paullinia cupana*), muruci ou murici (*Byrsonima crassifolia*), pequiá (*Caryocar villosum*) e taperebá ou cajá-mirim (*Spondias mombin*). Das bananas, o destaque é a variedade pacova ou comprida, encontrada quase somente na Amazônia e propícia, por exemplo, ao preparo da banana *chips*. Além das fruteiras nativas, a agricultura local conta com outras, introduzidas em escala comercial: caju, carambola, manga, melancia etc.[11] Os sucos da maioria dessas frutas têm participação relevante na dieta da população roraimense. Além disso, muitas delas constituem matéria-prima para uma infinidade de bolos, doces e licores tradicionais.[12]

Vale ressaltar duas frutas curiosas em Roraima. A primeira, nativa do noroeste da Amazônia, é o caçari, chamada de "camu-camu" em outras partes do país, parente botânica das muitas frutas de quintal genuinamente brasileiras, da numerosa família das mirtáceas, como araçá, cam-

9. Sobre as palmeiras e seus frutos, cf. LORENZI, Harri. *Palmeiras no Brasil*: exóticas e nativas. Nova Odessa: Plantarum, 1996.

10. O antropólogo Herundino Ribeiro do Nascimento Filho, do Conselho Indígena de Roraima, recolheu, em contato com a comunidade indígena de Guariba, diversas fórmulas de preparo de produtos derivados do buriti, demonstrando a particular importância que essa fruta tem na alimentação e na economia locais. Cf. NASCIMENTO FILHO, Herundino Ribeiro do. *Etnoconservação e valorização do buriti (*Mauritia flexuosa*) na comunidade Guariba, Terra Indígena Araçá, Roraima*. 2013. Dissertação (Mestrado em Economia) – Faculdade de Ciências Econômicas, Universidade Federal do Rio Grande do Sul, Porto Alegre, 2013.

11. Para maiores detalhes sobre as frutas, nativas e exóticas, cf. LORENZI, Harri; LACERDA, Marco Túlio Côrtes; BACHER, Luis Benedito. *Frutas no Brasil*: nativas e exóticas (de consumo *in natura*). São Paulo: Instituto Plantarum de Estudos da Flora, 2015; cf. também SILVA, Silvestre (fotografia); TASSARA, Helena (texto). *Frutas Brasil frutas*. São Paulo: Empresa das Artes, 2005.

12. Sobre os doces de frutas brasileiras, cf. SANTOS, Lúcia C. *Frutas de doce, doces de frutas*. Rio de Janeiro: F. Briguiet & Cia., 1950.

bucá, cambuci, goiaba, guabiroba, grumixama, jabuticaba, jambo, pitanga, uvaia etc. Sabe-se hoje que o caçari possui o maior teor de vitamina C conhecido entre as frutas, o que lhe trouxe fama e impulsionou o consumo e a produção, tornando-o um produto de valor considerável para a agricultura comercial. Além de consumido *in natura*, presta-se ao preparo de sucos e geleias, servindo ainda de matéria-prima para pílulas vitamínicas e cosméticos. A segunda fruta, exótica, é o dão (*Ziziphus mauritiana*, da família das ramnáceas). Nativo de áreas tropicais e subtropicais da Índia e do sudeste da Ásia, difundiu-se pela Amazônia, particularmente em Roraima, popularizando-se sob a alcunha de "maçã de pobre". Quando maduros, os frutos, verde-claros, amarelos ou vermelhos, são consumidos *in natura*.

Terra de florestas, rios e igarapés, parte da Amazônia Legal, Roraima tem ainda como recurso natural uma grande variedade de peixes: bodó, dourado, jandiá, matrinxã, pacu, pirandirá, piranha, surubim, tambaqui, tucunaré etc., fundamentais para a culinária das aldeias indígenas, das comunidades ribeirinhas e das cidades. Algumas espécies se prestam mais a assados, recheados ou não com farofa. Outras ficam melhores quando cozidas, nas caldeiradas, na mojica ou no escabeche. E ainda há as que podem ser preparadas tanto de uma maneira como de outra. Além dos peixes, são fonte proteica para a população indígena as carnes de animais silvestres, as saúvas e as lagartas que nascem nas folhas da mandioca. Entre os Yanomami, os cogumelos *sanöma* constituem fonte alimentar importante.

A culinária de Roraima se caracteriza, sobretudo, pela mistura de tradições da raiz indígena com as novidades que foram chegando desde a introdução da pecuária na região. Como o território foi o destino de uma série de ondas migratórias, em particular de nordestinos, costumes alimentares de outras partes do Brasil foram dividindo espaço com os hábitos francamente nortistas. Mas também as influências do Sudeste e do Sul se fazem sentir.

Assim, tem-se de um lado representantes da cozinha autóctone: a macaxeira (mandioca ou aipim) e um sem-fim de derivados, como a farinha-d'água, a farinha de tapioca e o carimã, que por sua vez são pontos de partida para uma infinidade de comidas, como beiju, chibé, mingau de farinha de tapioca (*Imu Yainîsa Kiyaurirî*, em língua makuxi), pé de moleque e tapioca. Entre os vegetais estão cariru (ou caruru),[13] castanha-do-pará, chicória-do-pará,[14] jambu,[15] mastruz[16] e muitas pimentas. Entre os animais estão a caça e os peixes regionais, com modos de preparo tributários da tradição indígena. A esses elementos culinários se somam os provenientes de outras partes da própria região Norte, como açaí com peixe frito e farinha, maniçoba,[17] tacacá,[18] vatapá[19] e uma diversidade de cozidos à base de tucupi.[20] A Feira do Produtor Rural de Boa Vista, a mais completa e visitada na capital, é o lugar ideal para quem quer conhecer de perto os ingredientes da cozinha especificamente roraimense e do Norte em geral.

Há produtos derivados da mandioca, comuns às regiões Norte e Nordeste, que remetem a tradições ancestrais, como a tapioca[21] e o carimã.[22] O hábito de comer mandioca cozida, no café da manhã e nas refeições, também é comum ao Norte e ao Nordeste. Já a mandioca frita, como petisco, é uma comida praticamente nacional. As receitas com carne de sol foram

13. *Amaranthus viridis*, da família das amarantáceas; vegeta em grande parte do Brasil, sendo conhecido no Nordeste como "bredo".

14. *Eryngium foetidum*, da família das apiáceas; planta nativa da Amazônia, com diversas propriedades medicinais.

15. *Acmella oleracea*, da família das asteráceas; erva típica da região Norte do Brasil, que traz à boca uma sensação de anestesia.

16. *Chenopodium ambrosioides*, da família das amarantáceas; também conhecido como "ambrosina", "erva-de-santa-maria", "lombrigueira", "mentruz" ou "quenopódio", tem diversas propriedades medicinais; em Roraima, bem como em outras partes do país, é usado para amenizar os sintomas da gripe.

17. Prato de origem indígena comum na região Norte, mais frequentemente no Pará, preparado com folhas de mandioca-brava, trabalhadas durante dias para delas se retirar o veneno, misturadas com carne suína. Pela semelhança, é conhecido pela alcunha de "feijoada paraense", ainda que sua receita não leve feijão.

18. Caldo comum em toda a Amazônia, preparado com tucupi, goma de mandioca, jambu e camarão seco, é servido quente, em cuias, com pimenta.

19. Prato feito à base de farinha de trigo, que leva camarão seco e muitos temperos.

20. Ingrediente marcante e onipresente da culinária amazônica, é o caldo extraído da raiz da mandioca-brava (*Manihot esculenta*, da família das euforbiáceas). Depois de descascada e ralada, a mandioca é espremida para a extração do caldo, que deve descansar pelo tempo necessário para que o amido (goma) se separe do líquido (tucupi). O caldo é inicialmente venenoso, devido à presença do ácido cianídrico. Para a eliminação do veneno, o líquido deve ser cozido e fermentado de 3 a 5 dias. Somente após passar por esse processo é que poderá ser usado na culinária.

21. Também chamada de "goma", é a fécula extraída da mandioca, originalmente pelos indígenas, preparada em forma granulada, da qual hoje se faz o beiju, popular em todo o país.

22. Também chamado de "massa puba", é o produto obtido pela fermentação da mandioca, cortada em pedaços e colocada na água de 3 a 7 dias, até amolecer e soltar a casca.

trazidas do Nordeste pelas sucessivas levas de migrantes, particularmente maranhenses e cearenses. A paçoca de carne de sol com farinha-d'água e banana é muito apreciada. Preparam-se ainda o picadinho de carne de sol, com abóbora ou na nata com legumes, a carne de sol ao forno e a "regional" (desfiada e grelhada na chapa com manteiga e cebola). Não raro, encontram-se o carneiro cozido, o pernil de cabrito assado, o escondidinho, o baião de dois, a panelada de miúdos, o queijo coalho, o cuscuz de flocos de milho pré-cozidos[23] etc. Da mesma matriz nordestina, o guisado de galinha caipira veio a se tornar um verdadeiro clássico roraimense.

A mixira, cumpre lembrar, é umas das comidas mais tradicionais de Roraima, sendo hoje fonte de interesse de visitantes curiosos pela culinária local.[24] A palavra, que vem da língua tupi, significa "conserva". Na tradição amazônica, designa a carne frita e conservada na própria gordura do animal, que pode ser o tambaqui, a tartaruga, o peixe-boi ou o porco. No Sudeste do país, onde é chamada "carne de lata", é preparada com carne suína, tal como se dá na tradição de Roraima. Conservada em latas ou potes, hermeticamente envolvida pela banha solidificada, tem a vantagem de poder ser guardada por bastante tempo. No século XIX e nas primeiras décadas do século XX, antes do advento da geladeira, era o modo mais comum de conservar a carne, sendo particularmente usada pelos tropeiros de São Paulo e Minas Gerais, que tinham de carregá-la nas longas viagens. Em razão do sabor especial que esse método de conserva confere à carne, tem reaparecido com força na gastronomia brasileira.

Do Sudeste, Roraima herdou o gosto pelo queijo mineiro, e do Sul, que tem considerável presença na população de migrantes, vem o gosto pelo churrasco e por outros pratos, como a roupa-velha de charque.[25] Até mesmo

23. Chamado em geral de "cuscuz de Milharina", em referência à conhecida marca dessa matéria-prima.

24. SOUZA, Cledlene Silva Fernandes. *A culinária regional roraimense*: uma identidade cultural construída. 2019. Monografia (TCC em História) – Universidade Federal de Roraima, Boa Vista, 2019. Disponível em: http://ufrr.br/historia/index.php?option=com_phocadownload&view=category&download=241:a-culinaria-regional-roraimense-uma-identidade-cultural-construida&id=4:publicacoes&Itemid=204. Acesso em: 10 out. 2020.

25. A roupa-velha, de origem ibérica, migrou para diversos pontos da América, sendo um prato muito comum em Cuba (*ropa vieja*). Em Portugal era preparada com sobras de bacalhau. Na difusão pelo território brasileiro, popularizou-se no Rio Grande do Sul, trocando-se o peixe pelo charque e, em Minas Gerais, pela carne de porco.

países vizinhos deram sua contribuição. Da Venezuela vieram a *arepa*, uma massa feita à base de milho, muito usada também na Colômbia e aparentada com a *tortilla* mexicana, e os *pepitos,* sanduíches tipicamente venezuelanos, que se tornaram uma comida de rua muito popular em Boa Vista. Da Guiana veio o *curry*,[26] empregado como condimento.

De modo geral, a cozinha propriamente roraimense tem inegável acento indígena, em particular da etnia Makuxi, a mais numerosa no estado. Prato mais emblemático da sua culinária, a damorida é uma comida genuinamente indígena, embora se tenha popularizado em todo o estado, inclusive nas áreas urbanas. Em geral, de acordo com o costume indígena, é um prato servido às visitas como forma de acolhida. Trata-se de um caldo bastante condimentado por folhas de pimenta-malagueta e pela mistura de diversas pimentas, como a própria malagueta, a murupi, a olho-de-peixe, a canaimé e a pimenta-de-cheiro, esta usada mais para aromatizar do que para fazer arder. O caldo leva ainda folhas de cariru (ou caruru) e tucupi preto.[27] Nessa mistura, na versão mais comum, cozinha-se o peixe cortado em cubos grandes. Mas pode-se também empregar carne de caça em vez de peixe. Nos meios indígenas, usam-se até mesmo saúvas e lagartas.

A damorida surgiu, provavelmente, como forma de aproveitar por mais tempo o moquém (peixe – ou carne de caça – embrulhado em folhas grandes e assado lentamente na fumaça dos braseiros), que era banhado no caldo apimentado na hora de ser consumido. Até hoje, nas barracas das festas populares de Boa Vista, é desta maneira que se prepara o prato: o peixe é assado em espetinhos e depois mergulhado no caldo, para pegar o tempero, e passado em beiju de mandioca. Popularizado na vida urbana da capital, foi assumindo o lugar de prato genuinamente roraimense, ou seja, aquele que o estado pode "chamar de seu", como dito antes. E, claro, como não poderia deixar de ser, ganhou variações ao gosto de cada cozinheiro: às vezes, às

26. Também chamado de "caril", é uma especiaria em forma de pó, muito usada nos países asiáticos, feita à base das folhas da árvore-do-caril (*Murraya koenigii*, da família das rutáceas), às quais se acrescentam açafrão-da-terra, cardamomo, coentro, gengibre, cominho, casca de noz-moscada, cravo-da-índia, pimenta e canela.

27. O tucupi, de cor amarelada, pode depois ser reduzido em um cozimento que dura entre 5 e 6 horas, tornando-se concentrado e pastoso e adquirindo coloração escura, donde o nome "tucupi preto" (ou "tucupi pixuna").

folhas de cariru se acrescentam o jambu e/ou a chicória-do-pará, ou mesmo troca-se um ingrediente pelo outro. No receituário urbano, já fugindo um pouco da fórmula estritamente indígena, não raro se juntam tomate e cebola ao caldo.

Seja nas comunidades indígenas, seja nas cidades, o modo mais tradicional – e recomendável – de cozinhar o caldo é nas panelas de barro produzidas pelos Makuxi. Esses artefatos vêm ganhando cada vez mais notoriedade e importância pela relevância não só cultural como econômica. Tanto que a seção estadual do Instituto do Patrimônio Histórico e Artístico Nacional (Iphan) sugeriu seu reconhecimento como patrimônio imaterial brasileiro.[28]

O mais básico dos ingredientes da alimentação indígena, produto brasileiro por excelência, é a macaxeira, conhecida em outras plagas por mandioca ou aipim. Contribuição maior das culturas indígenas para a formação da culinária brasileira em toda a extensão do território nacional, a mandioca, desde os tempos coloniais, foi o substituto ideal da farinha de trigo europeia na adaptação do receituário estrangeiro às terras tropicais. A partir dessa raiz, produzem-se diversas farinhas, que por sua vez servem de ingrediente para uma infinidade de receitas, além de se prestarem ao consumo puras ou na qualidade de acompanhamento para carnes, peixes e caldos.

A farinha-d'água, crua, em geral de coloração amarela, é um dos produtos da mandioca mais utilizados na alimentação. Sua fabricação inclui uma série de procedimentos, os quais, para além do conhecimento tradicional, envolvem relações sociais e de gênero. Várias etapas são percorridas: colhida a mandioca, ela é descascada, ralada e espremida nos tipitis, instrumentos feitos de palha trançada, para a retirada da parte líquida. Já o beiju é feito por meio da torra da farinha, que assim se aglutina em flocos, depois usados como acompanhamento para toda sorte de alimentos.

Particular importância na alimentação das populações indígenas e de todo o interior da região Norte tem o chibé, uma papa de farinha-d'água que pode apresentar diversas consistências, da mais grossa à mais rala. É con-

28. CASTELO BRANCO, Maria Luisa Ximenes. Panelas de barro macuxi, patrimônio roraimense: entre a visão, a experiência e a produção da comunidade para a cidade. *In*: ALBUQUERQUE, Carolina Viana (org.). *Coletânea de artigos patrimônio cultural de Roraima*. Boa Vista: Iphan, 2019. p. 113-128.

sumido puro ou como acompanhamento para peixes e carnes. Tanto pode ser um alimento simples, sem mais ingredientes, como levar diversos temperos, dependendo dos recursos disponíveis e do gosto de quem o prepara. Nunes Pereira,[29] estudioso da alimentação indígena, afirma que o chibé é uma espécie de tônico, que dá força e ânimo a quem o consome, de modo até mesmo a tornar o sujeito vigoroso e incansável no remo correnteza acima.

O escritor Osvaldo Orico[30] faz uma bela descrição do alimento: "O chibé, na inteireza de sua composição, resulta de alguns punhados de farinha de mandioca numa cuia d'água, cujos grãos lentamente amolecem e transmitem ao líquido um sabor acidulado. A farinha tem de ser necessariamente a dita d'água. Imprimindo-se à vasilha um movimento rotativo, da direita para a esquerda, sucessivamente, consegue-se que venham à tona fragmentos dessa farinha que não amoleceram, numa operação denominada 'cessar', semelhante à que se procede com farinhas espessas numa esteira ou urupema. É bebida que refresca e acalma o organismo nas grandes soalheiras, quando se viaja em canoa".

Da mandioca também se fazem bebidas, alcoólicas ou nem tanto. Em Roraima, as mais comuns são caxiri e pajuaru, obtidas por meio da fermentação da massa ralada da raiz. Ambas estão presentes na cultura de diversas etnias e, mais intensamente, entre os Makuxi e os Wapixana. Via de regra, eram consumidas quase somente em festas e rituais. Luis da Camara Cascudo[31] escreveu: "Beber por desfastio, desejo íntimo, não existia entre os aborígenes. Indígena isolado, bêbado, é contágio de branco. Bebida é sempre função grupal, solenidade com motivação indispensável". Hoje, todavia, o caxiri tem se tornado um produto comercial de relevância financeira para as comunidades indígenas que o fabricam.

Às vezes, o caxiri e o pajuaru são tratados como sinônimos. Mas existem diferenças entre ambos. No caso do caxiri, bebida dos Makuxi, a massa de mandioca-brava é cozida antes de se transformar em beiju, o que faz com

29. NUNES PEREIRA. *Panorama da alimentação indígena*: comidas, bebidas & tóxicos na Amazônia Brasileira. Rio de Janeiro: Livraria São José, 1974. p. 293.

30. ORICO, Osvaldo. *Culinária amazônica*. Belém: Universidade Federal do Pará, 1972. p. 106.

31. CAMARA CASCUDO, Luis da. *História da alimentação no Brasil*. Belo Horizonte: Itatiaia; São Paulo: Edusp, 1983. v. 1, p. 147.

que a fermentação seja menos intensa e o teor alcoólico, portanto, menor. Tanto que é consumido até por crianças. Já no preparo do pajuaru, bebida dos Wapixana, a massa da mandioca é levada diretamente ao forno para a obtenção do beiju.[32]

O preparo de ambas as bebidas parte desse beiju grosso, que é tostado em forno e levado a fermentar sobre folhas de bananeira condimentado com folhas piladas de uma planta chamada "periquiteira" ou "curumim".[33] Após 3 dias, o beiju fermentado se transforma numa massa de forte cheiro azedo, coberta de fungos. Quando ainda está pouco fermentada, possui um sabor adocicado, podendo ser utilizada no preparo de sucos e bolos e até ingerida pura, como alimento. Inclusive, misturada com água, pode ser consumida por crianças. Entretanto, se a fermentação prossegue por mais alguns dias, o teor alcoólico aumenta consideravelmente. Esta será a bebida para os dias de festa, chegando a ser chamada de "cerveja" ou "cachaça" indígena.

O caxiri, preparado em regra a partir da mandioca-brava, pode eventualmente ter como matéria-prima o milho ou a batata, o que o assemelha ao aluá. Já o pajuaru é feito exclusivamente com a mandioca.[34]

Outra bebida alcoólica presente na cultura roraimense é o aluá, obtido a partir da fermentação do milho, também comum em várias partes do país, em especial na região Norte e na Bahia. Até o começo do século XX, era vendido por ambulantes nas ruas do Rio de Janeiro. Embora o milho seja o ingrediente básico mais comum, o aluá também pode ser feito com arroz ou casca de abacaxi e gengibre.[35]

Entre as bebidas não alcoólicas, são usuais em Roraima os chamados "vinhos" – na verdade uma espécie de suco feito com a polpa das mais diversas frutas, principalmente açaí, bacaba e buriti – e também o guaraná, energético preparado a partir do pó ou do xarope feitos das sementes do fruto, obtidos

32. SOLON, Ivonio. Como se faz o caxiri (pajuaru). *Ivonio Solon Wapichana*. 2013. Disponível em: http://ivoniosolon.blogspot.com/2013/01/como-se-faz-o-caxiri-pajuaru.html. Acesso em: 20 mar. 2019.

33. *Trema micrantha*, da família das canabáceas.

34. MONTENEGRO FILHO, Heleno Guedes. "*Waynau Iribennau!*": Brasil e Guiana na construção da alteridade Wapichana. 2016. Dissertação (Mestrado em Sociologia) – Universidade Federal de Roraima, Boa Vista, 2016. p. 126.

35. No Rio de Janeiro e adjacências, o aluá feito com casca de abacaxi e gengibre é também chamado de "gengibirra", corruptela do inglês "ginger beer". Cf. FERRAZ, *op. cit.*, p. 286.

após um longo e complexo processamento.[36] Pode ser consumido apenas dissolvido em água ou então enriquecido com frutas regionais.

As pimentas constituem um capítulo importantíssimo na culinária de Roraima, onde é voz corrente que "não se come sem pimenta". É fundamental como condimento tanto para as populações nativas e tradicionais quanto para os que vieram de fora e hoje estão integrados à terra. Trabalhos no campo da arqueologia indicam que vários tipos de pimenta já eram consumidos na Amazônia no período pré-colombiano. Seu uso transcendia o alimentar, estendendo-se ao medicinal e ao ritual. Entre os Makuxi, por exemplo, as folhas e os frutos da pimenta-malagueta continuam sendo usados para tratar de diversas enfermidades, por via oral ou esfregados na pele. Pela importância que as diversas pimentas e seu processamento assumiam nas comunidades indígenas, existia até mesmo a figura das "pimenteiras", mulheres especialistas no cultivo e no manejo. Num trabalho de investigação antropológica, Reinaldo Imbrozio Barbosa e colaboradores catalogaram 163 tipos de pimenta no estado, a maioria nativos, cultivados por indígenas de várias etnias, e outros introduzidos por migrantes. Desse trabalho resultou o livro *Pimentas de Roraima*,[37] um catálogo completo do assunto.

As variedades de pimenta mais comuns em Roraima são malagueta (que pode ser pequena, média ou grande), murupi, olho-de-boi, pimenta-de-cheiro e canaimé.[38] Em geral, são muito ardidas, à exceção da pimenta-de-cheiro, usada mais para dar aroma à comida. A canaimé, ardidíssima, é comum também na Guiana. Seu nome vem da figura mítica homônima, o temido Canaimé, que, de acordo com a crença corrente entre os Makuxi e os Wapixana, é uma personagem responsável por acontecimentos maléficos.

Na cozinha, as pimentas podem ser usadas cruas, *in natura*, e na forma de molho, em que, inteiras ou batidas, são conservadas em tucupi misturado a outras bases líquidas, como água, soro de leite, óleo e vinagre, além do sal.

36. Sobre o processamento do guaraná pelos indígenas, cf. LORENZ, Sônia da Silva. *Sateré-Mawé*: os filhos do guaraná. São Paulo: Centro de Trabalho Indigenista, 1992.

37. BARBOSA, Reinaldo Imbrozio *et al. Pimentas de Roraima*. Manaus: Inpa; Edua, 2006.

38. O nome científico da malagueta é *Capsicum frutescens*, sendo as demais variações da *Capsicum chinense*, todas da família das solanáceas.

O grau de ardência se deve, em primeiro lugar, é claro, ao tipo de pimenta escolhido; depois, à proporção entre a quantidade de pimenta e de tucupi; por fim, à presença ou não das sementes no preparado. Hoje, a produção do molho é uma atividade importante para a economia local, sendo um dos produtos regionais de maior visibilidade nos mercados locais.

Além do molho, há outros produtos condimentares de origem indígena que têm as pimentas como matéria-prima. O arubé é feito da mistura de pimentas inteiras com tucupi, goma e massa de mandioca, todos cozidos juntos. Já o cumaxi é preparado com uma pasta de pimentas cozidas misturadas ao tucupi. A jiquitaia,[39] hoje famosa país afora, é feita com uma mistura de pimentas desidratadas e moídas, à qual se acrescenta sal. Pelo grau de ardência, ganhou o nome da formiga homônima, cuja picada queima bastante. Há ainda produtos da pimenta que não são de origem indígena, mas foram introduzidos pela população vinda de fora: o doce, a geleia e o licor.

Outros alimentos particularmente usuais entre os Makuxi, e estranhos ao paladar de quem não é da tradição indígena, são as saúvas e as lagartas. As saúvas surgem após as chuvas, entre abril e maio. Retiradas as asas, são assadas no forno e comidas com farinha. Mas o modo mais tradicional de preparo é o cozimento no caldo da damorida. As lagartas surgem na mesma época das saúvas. Agrupam-se nas folhas da maniva (mandioca) ou numa árvore chamada "mutambeira",[40] o que faz com que sejam também conhecidas como "lagartas mutambeiras". Uma vez limpas das tripas e fezes e lavadas, podem tanto ser cozidas no caldo da damorida como fritas ou assadas, saboreadas com beiju e pimenta.

Na região de Awaris, na Terra Indígena Yanomami, é tradição o consumo dos cogumelos *sanöma*, coletados em troncos e galhos em decomposição. Ali, encontram-se muitas espécies de cogumelos comestíveis, catalogados por vários autores num trabalho de fôlego, que ganhou forma de livro – em edição bilíngue português-*sanöma*, publicada pelo Instituto

39. Sobre a origem e o preparo da jiquitaia, cf. SILVA, Adeilson Lopes (coord.). *Pimenta jiquitaia baniwa*. São Paulo: Instituto Socioambiental; São Gabriel da Cachoeira: Oibi; Rio Negro: Foirn, 2016.

40. *Guazuma ulmifolia,* da família das esterculiáceas.

Socioambiental (ISA) – e venceu o prêmio Jabuti, em 2017, na categoria Gastronomia.[41]

Em geral, os cogumelos são consumidos de duas formas. Embrulhados em folhas, são cozidos em água ou assados diretamente na brasa, sem tempero algum; depois de prontos, são desembrulhados, temperados com sal e pimenta e acompanhados de beiju e banana verdolenga assada. Servem ainda ao preparo de uma bebida, o chibé, tomado ao fim da refeição.

Hoje, os cogumelos dos Yanomami já são cultivados como atividade comercial. Embalados depois de secos, num *blend* de diversas espécies, entraram no mercado da gastronomia sofisticada e são vendidos em lojas especializadas nas grandes cidades do país. Substituem os cogumelos convencionais enquanto ingrediente para receitas da cozinha internacional – particularmente a italiana –, como massas e risotos à base de *funghi secchi*. Há também a versão em pó, própria para o preparo do caldo usado em sopas e risotos. Em ambas as versões, os cogumelos estão seduzindo a nova geração de *chefs*, que os utilizam para criações culinárias.

Por fim, há que registrar o desenvolvimento contemporâneo da cozinha roraimense, impulsionado pela valorização que hoje se presencia dos produtos das tradições culinárias regionais, particularmente da Amazônia. *Chefs* de cozinha dos grandes centros do país voltam os olhos para o tesouro que ali se encontra e passam a pesquisar os ingredientes e as técnicas regionais, criando, a partir delas, variações sofisticadas e inovadoras. Esse movimento se deu, em grande parte, graças ao trabalho do paraense Paulo Martins,[42] pioneiro no ramo, que fundou em Belém o legendário restaurante Lá em Casa. Falecido em 2010, o cozinheiro e estudioso influenciou destacados *chefs* brasileiros e impressionou celebridades como o espanhol Ferran Adrià.

Roraima, decididamente, integra essa onda que tem elevado o padrão da gastronomia brasileira e concorrido para sua crescente afirmação. Por um lado, com uma gama de ingredientes naturais e técnicas indígenas, tem sido solo de pesquisa e inspiração para estudiosos e cozinheiros de fora. Por

41. INSTITUTO SOCIOAMBIENTAL. *Ana amopö cogumelos*: enciclopédia dos alimentos yanomami (*sanöma*). São Paulo: Instituto Socioambiental; Hutukara Associação Yanomami, 2016.

42. Como amostra de sua produção, cf. MARTINS, Paulo. *Culinária paraense*. Belém: Instituto de Educação e Cultura da Amazônia, 2010.

outro lado, teve desenvolvimento próprio, com o surgimento de *chefs* locais e a consolidação de restaurantes e estabelecimentos similares que praticam desde a culinária estritamente tradicional até as releituras e criações autorais. O trabalho dessa nova geração se faz presente em cardápios de restaurantes e outros pontos experimentais de alimentação, festivais gastronômicos nacionais, publicações na internet, redes sociais e livros.[43]

Por tudo isso, vai ficando respondida, insofismavelmente, nossa indagação inicial sobre a existência de uma culinária roraimense peculiar e autêntica.

Outubro de 2021

43. Ver a presença da culinária roraimense, por exemplo, em: ARCE, Belisário (org.). *Gastronomia pan-amazônica*: melhores receitas da Amazônia continental. Manaus: Panamazônia, 2017; SALDANHA, Roberta Malta. *Culinária brasileira, muito prazer*: tradições, ingredientes e 170 receitas de grandes profissionais do país. São Paulo: Alaúde, 2017.

PEiXES

CALDEIRADA

• 4 porções •

INGREDIENTES

Para o caldo de peixe

A cabeça e o rabo do peixe
1 cenoura descascada e cortada em pedaços
1 cebola cortada em quartos
1 dente de alho
1 tomate cortado em quartos
2 talos de salsão picados
2 talos de alho-poró picados
2 pimentas-de-cheiro picadas
1 maço de cebolinha (incluindo a parte branca)
1 maço de salsinha
2 folhas de louro
1 colher (sopa) de pimenta-do-reino em grão
Água, o suficiente

Para a caldeirada

1 kg de peixe cortado em postas (dourado, pacu, surubim ou tucunaré)
Água, o suficiente
Suco de 1 limão
8 colheres (sopa) de azeite de oliva
2 cebolas cortadas em rodelas
2 dentes de alho picadinhos
1 l do caldo de peixe
3 tomates sem pele nem sementes, cortados em rodelas
1 pimentão vermelho cortado em pedaços pequenos
3 pimentas-de-cheiro picadas
½ xícara (chá) de cebolinha picada
½ xícara (chá) de coentro picado
2 batatas cortadas em rodelas
Sal a gosto
4 ovos cozidos descascados

Para o pirão

2 xícaras (chá) do caldo da caldeirada pronta
1 xícara (chá) de farinha d'água ou de outra farinha de mandioca crua

Preparo

Caldo de peixe

1. Numa panela, juntar todos os ingredientes, cobrir com água e deixar ferver em fogo baixo por 1 hora, repondo com água fervente à medida que o caldo for secando.
2. Coar a mistura e aproveitar apenas a parte líquida para a caldeirada.

Caldeirada

1. Lavar o peixe em água e, numa vasilha, deixar por 15 minutos no suco de limão.
2. Numa panela, aquecer o azeite e dourar a cebola e depois o alho.
3. Juntar o caldo de peixe, o tomate, o pimentão, a pimenta-de-cheiro, a cebolinha, o coentro, a batata e o sal e cozinhar até que a batata comece a amolecer.
4. Colocar o peixe na panela e, se o caldo estiver muito reduzido, acrescentar mais água.
5. Cozinhar o peixe por aproximadamente 15 minutos. Antes de retirar do fogo, juntar os ovos e verificar se a batata ficou cozida.

Pirão

1. Numa panela, colocar o caldo da caldeirada pronta e, com o fogo baixo, acrescentar aos poucos a farinha d'água, mexendo constantemente com uma colher de pau para não empelotar.
2. Retirar do fogo quando a farinha estiver cozida e o pirão começar a se soltar do fundo da panela.

Sugestão

Servir com arroz branco e molho de pimenta da preferência.

CALDEIRADA DE CABEÇA DE PEIXE

• 4 porções •

Ingredientes

4 cabeças de peixe fresco
Água, o suficiente
2 tomates cortados em quartos
1 cebola cortada em quartos
1 dente de alho inteiro
1 pimentão vermelho cortado em pedaços pequenos
2 pimentas-de-cheiro picadas
½ xícara (chá) de cebolinha picada
½ xícara (chá) de coentro picado
Sal a gosto
Molho de pimenta-malagueta a gosto
Farinha-d'água (farinha de mandioca crua)

Preparo

1. Numa panela, colocar as cabeças de peixe, cobrir com água, juntar o tomate, a cebola, o alho, o pimentão, a pimenta-de-cheiro, a cebolinha, o coentro e o sal e levar ao fogo por 40 minutos, completando com água fervente conforme o caldo for secando.
2. Coar tudo numa peneira, aproveitando apenas o caldo.
3. Servir quente, em cumbucas, acrescentando o molho de pimenta da preferência e porções da farinha-d'água para engrossar o caldo.

CALDEIRADA NO TUCUPI

• 4 porções •

Ingredientes

1 kg de peixe cortado em postas (dourado, jandiá, pacu, surubim ou tucunaré)
Água, o suficiente
Suco de 1 limão
8 colheres (sopa) de azeite de oliva
2 cebolas cortadas em rodelas
2 dentes de alho picadinhos
1 l de tucupi
3 tomates sem pele nem sementes, cortados em rodelas
1 maço de chicória-do-pará
1 maço de jambu
2 pimentas murupi picadas
2 pimentas olho-de-boi picadas
2 pimentas-de-cheiro picadas
Sal a gosto
Farinha-d'água (farinha de mandioca crua)

Preparo

1. Lavar o peixe em água e, numa vasilha, deixar por 15 minutos no suco de limão.
2. Numa panela, aquecer o azeite e dourar a cebola e depois o alho.
3. Juntar o tucupi, o tomate, a chicória-do-pará, o jambu, as pimentas e o sal e cozinhar por 15 minutos.
4. Colocar o peixe na panela e cozinhar por aproximadamente 15 minutos. Se o caldo ficar muito reduzido, acrescentar água fervente.
5. Servir a caldeirada bem quente, acompanhada de uma porção de farinha d'água.

DAMORIDA[44]

• 8 porções •

Ingredientes

1 ½ kg de filhote, pintado ou tambaqui cortado em cubos grandes
Sal a gosto
Suco de 1 limão
2 l de água
5 folhas de pimenta-malagueta
1 colher (sopa) de pimentas frescas picadas em pedacinhos: malagueta, de-cheiro, murupi e olho-de-peixe (ver sugestões adiante, no fim da receita)
3 tomates sem pele nem sementes, cortados em rodelas
1 cebola cortada em rodelas
1 maço de cariru (também chamado de "caruru" ou "bredo"
3 colheres (sopa) de tucupi preto
Salsinha, cebolinha e coentro picados a gosto
1 colher (sopa) de azeite de oliva
3 xícaras (chá) de beiju de mandioca

Preparo

1. Deixar o peixe numa vasilha com o sal e o suco de limão por 1 hora.
2. Assar o peixe na brasa, cuidando para que não fique bem passado. O objetivo é apenas deixar que tome cor e tenha a superfície selada. Se preferir, assar no forno preaquecido a 200 °C por aproximadamente 15 minutos, ou até que fique dourado.
3. Numa panela grande, aquecer a água, juntar as folhas de pimenta-malagueta, a mistura de pimentas frescas, o tomate e a cebola e deixar cozinhar.
4. Quando o caldo levantar fervura, acrescentar o peixe, o sal, o cariru, o tucupi preto, a salsinha, a cebolinha, o coentro e o azeite e manter no fogo médio por aproximadamente 20 minutos, ou até que esteja cozido.
5. Servir o peixe com o caldo em cumbucas, acompanhado do beiju de mandioca.

44. A receita indígena original é mais simples: além do peixe, leva apenas pimenta, tucupi preto e cariru. Cf. TRAJANO, Ana Luísa. *Básico*: enciclopédia de receitas do Brasil. São Paulo: Melhoramentos, 2017. p. 114.

Sugestões

1. Há variações desta receita de acordo com o gosto de cada cozinheiro. Pode-se acrescentar ao caldo folhas de jambu e/ou de chicória-do-pará, dando ao prato um sabor mais marcadamente amazônico. Também há quem prefira usar a jiquitaia em vez da mistura de pimentas frescas e quem acrescente dentes de alho e pimentões amarelos à lista de ingredientes. Por fim, pode-se adicionar uma colher (sopa) de goma de mandioca para engrossar o caldo.
2. Se desejar um caldo mais encorpado e saboroso, pode-se substituir a água por caldo de peixe. Para isso, juntar, numa panela grande, a cabeça e o rabo do peixe, 1 cenoura descascada e cortada em pedaços, 2 talos de salsão picados, 2 talos de alho-poró picados, 1 cebola cortada em quartos, 2 pimentas-de-cheiro picadas, 2 folhas de louro e 1 colher (sopa) de pimenta-do-reino em grão. Cobrir com água e deixar ferver em fogo baixo por 1 hora, repondo água fervente à medida que o caldo for secando. No fim, coar a mistura e aproveitar apenas a parte líquida.
3. Tomar cuidado com a quantidade de pimenta, averiguando antecipadamente o quanto os comensais toleram em termos de ardência.
4. Dar preferência ao uso de uma panela de barro, para que o sabor fique mais parecido com o do preparo tradicional, cozido em panelas feitas pelos indígenas da etnia Makuxi na comunidade da Raposa, no norte de Roraima. O barro da região é conhecido por deixar as panelas mais resistentes, com menos risco de rachar.
5. Para dar um toque especial ao beiju de mandioca, torrá-lo ligeiramente numa panela grande com 1 colher (sopa) de manteiga e uma pitada de sal.

MATRINXÃ NA BRASA

• 8 porções •

Ingredientes

Para o molho verde

1 cebola pequena cortada em pedacinhos
2 dentes de alho amassados
½ xícara (chá) de salsinha picada
½ xícara (chá) de cebolinha picada
½ xícara (chá) de coentro picado
2 colheres (sopa) de azeite de oliva

Para o matrinxã

1 matrinxã de aproximadamente 3 kg, limpo
Suco de 2 limões
Sal a gosto
1 cebola cortada em pedacinhos
2 tomates sem pele nem sementes, cortados em pedacinhos
1 pimentão vermelho cortado em pedacinhos
Molho verde

Preparo

Molho verde

No processador de alimentos, bater todos os ingredientes.

Matrinxã

1. Temperar o peixe com o suco de limão e o sal e deixar por 1 hora.
2. Juntar a cebola, o tomate e o pimentão ao molho verde e rechear o peixe com a mistura.
3. Assar na brasa por aproximadamente 30 minutos.

Sugestão

Servir com farofa de farinha de mandioca e molho vinagrete.

MOJICA DE PEIXE[45]

• 6 porções •

Ingredientes

1 kg de tambaqui (ou de outro peixe da preferência) sem espinhas, assado e desfiado
1 l de água
1 cebola cortada em pedacinhos
2 tomates sem pele nem sementes, cortados em pedacinhos
1 pimentão vermelho cortado em tiras
1 pimenta-de-cheiro picada em pedacinhos
1 pimenta murupi ou malagueta picada
1 maço de chicória-do-pará picado
1 maço de alfavaca picado
200 g de farinha-d´água (farinha de mandioca crua)
Sal a gosto
Azeite de oliva a gosto
1 maço de coentro picado

Preparo

1. Numa panela, cobrir o tambaqui com a água, juntar a cebola, o tomate, o pimentão, as pimentas, a chicória-do-pará e a alfavaca e cozinhar por 1 hora. Acrescentar água fervente à medida que o caldo for secando.
2. Pôr a farinha aos poucos, mexendo sempre com uma colher de pau, até engrossar o caldo.
3. Adicionar o sal e o azeite e retirar do fogo.
4. Salpicar o coentro e manter a panela tampada por 10 minutos.
5. Servir em cumbucas ou pratos fundos.

45. Receita da tradição amazônica geral.

PEIXE À DELÍCIA[46]

• 6 porções •

Ingredientes

Para o molho branco

2 colheres (sopa) de maisena
2 xícaras (chá) de leite
2 colheres (sopa) de manteiga
1 cebola pequena cortada em pedacinhos
1 dente de alho amassado
Sal a gosto

Para o molho de camarão

18 camarões médios, limpos e sem casca
Sal a gosto
Pimenta-do-reino moída a gosto
4 colheres (sopa) de óleo
1 cebola pequena cortada em pedacinhos
1 dente de alho amassado
200 ml de água
250 g de purê de tomate

Para o peixe

1 ½ kg de peixe em filés (dourado, filhote ou tambaqui)
Suco de 1 limão
Sal a gosto
Farinha de trigo para empanar, o suficiente
Óleo para fritar, o suficiente
2 xícaras (chá) de molho branco
6 fatias de queijo muçarela
2 xícaras (chá) de molho de camarão

Preparo

Molho branco

1. Dissolver a maisena em ½ xícara de leite. Reservar.
2. Numa panela, aquecer a manteiga e dourar a cebola e depois o alho.

46. O peixe à delícia é preparado em diversas partes do país. Mas a presente receita é uma adaptação da original da Peixaria Tropical, em Boa Vista, que serve o prato há mais de trinta anos, o que já constitui uma tradição roraimense. Seu diferencial é o acréscimo do molho de camarão. Cf. FÉLIX, Jackson. Tradicional restaurante de Boa Vista ensina como fazer peixe à delícia. *G1*, 6 jul. 2016. Disponível em: http://g1.globo.com/rr/roraima/noticia/2016/07/tradicional-restaurante-de-boa-vista-ensina-como-fazer-peixe-delicia.html. Acesso em: 26 set. 2019.

3. Juntar a mistura de leite com maisena, mexer e acrescentar o restante do leite e o sal.
4. Mexer constantemente até obter a consistência de creme.

Molho de camarão

1. Temperar os camarões com sal e pimenta-do-reino e deixar por meia hora.
2. Numa panela, aquecer o óleo e dourar a cebola e depois o alho.
3. Juntar a água e o purê de tomate e cozinhar por 15 minutos.
4. Corrigir o sal, se necessário, e acrescentar os camarões, deixando cozinhar por aproximadamente 10 minutos.

Peixe

1. Lavar o peixe e deixar numa travessa com o suco de limão e um pouco de sal por meia hora.
2. Envolver os filés de peixe em farinha de trigo.
3. Numa frigideira, aquecer bem o óleo e fritar os filés de peixe um por vez. A seguir, deitá-los sobre papel absorvente para retirar o excesso de gordura.
4. Dispor os filés de peixe lado a lado em um prato refratário grande e cobrir com o molho branco.
5. Sobre o molho branco, fazer uma camada com as fatias de queijo e, sobre elas, distribuir o molho de camarão.
6. Levar ao forno preaquecido a 180 °C por 8 minutos, ou até que o queijo esteja derretido.

Sugestão

Servir com arroz à grega, farofa de farinha de mandioca, banana-da-terra frita em fatias longitudinais e batata palha.

PEIXE MOQUEADO

• 6 porções •

Ingredientes

1 ½ kg de filé de peixe (pacu ou tambaqui)
Sal a gosto
Suco de ½ limão
Pimenta-do-reino moída a gosto
Cominho a gosto (pouco, pois o tempero tem sabor muito pronunciado)
Salsinha picada a gosto
Cebolinha picada a gosto
Coentro picado a gosto
6 colheres (sopa) de azeite de oliva

Preparo

1. Temperar o peixe com o sal, o suco de limão, a pimenta-do--reino e o cominho e deixar por 1 hora.
2. Rechear com a salsinha, a cebolinha e o coentro.
3. Colocar numa assadeira forrada com papel-alumínio e untada com azeite.
4. Cobrir com papel-alumínio e fechar bem as bordas.
5. Assar em forno a 180 °C por aproximadamente 1 hora, ou até que o peixe fique macio.

PEIXE NO ESCABECHE

• 4 porções •

Ingredientes

Para o peixe

1 kg de surubim em postas (ou de outro peixe de carne consistente da preferência)
Suco de 1 limão
Sal a gosto
1 dente de alho amassado
Farinha de trigo, o suficiente
Óleo para fritar, o suficiente

Para o molho

4 tomates sem pele nem sementes, passados no processador
8 colheres (sopa) de azeite de oliva
1 cebola cortada em rodelas
2 dentes de alho picados em pedacinhos
1 pimentão vermelho cortado em tiras
2 folhas de louro
Pimenta-do-reino moída a gosto
1 pimenta-de-cheiro picadinha
1 pimenta-malagueta picadinha
250 ml de leite de coco ou leite de castanha-do-pará (opcional)
4 colheres (sopa) de vinagre de vinho branco
Sal a gosto
50 g de azeitonas pretas sem caroço
1 xícara (chá) de coentro picado

Preparo

Peixe

1. Deixar o peixe numa travessa com o suco de limão, o sal e o alho por 1 hora.
2. Escorrer as postas de peixe e, num prato, passá-las na farinha de trigo, apertando-as levemente com as mãos ou uma escumadeira.
3. Numa frigideira, aquecer o óleo e fritar as postas uma a uma. A seguir, colocá-las sobre papel absorvente para retirar o excesso de óleo.
4. Dispor as postas fritas numa travessa. Reservar.

Molho

1. Numa panela, levar os tomates ao fogo por cerca de 20 minutos, ou até que fiquem bem cozidos. Reservar.
2. Em outra panela, aquecer o azeite e dourar a cebola e depois o alho.
3. Juntar a seguir os tomates, o pimentão, o louro e as pimentas e cozinhar por 15 minutos.
4. Acrescentar o leite de coco (ou de castanha-do-pará) e cozinhar por mais 5 minutos.
5. Adicionar o vinagre, o sal, a azeitona e o coentro e retirar do fogo.

Montagem

Cobrir o peixe com o molho e servir.

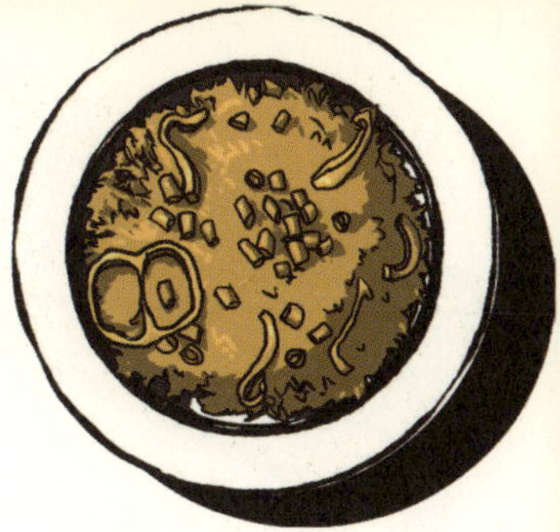

PIRARUCU DESFIADO

• 4 porções •

INGREDIENTES

1 kg de pirarucu seco dessalgado por 12 horas em água trocada ao menos 4 vezes
Água, o suficiente
Suco de 1 limão
10 colheres (sopa) de azeite de oliva
2 cebolas cortadas em rodelas
2 dentes de alho amassados
2 tomates sem pele nem sementes, cortados em rodelas
½ pimentão vermelho cortado em tiras
½ pimentão verde cortado em tiras
½ pimentão amarelo cortado em tiras
Sal, se necessário
Salsinha picada a gosto
Cebolinha picada a gosto
Coentro picado a gosto
Pimenta-do-reino moída a gosto

PREPARO

1. Lavar o peixe em água e suco de limão.
2. Numa panela, cobrir o peixe com água, levar ao fogo e deixar ferver por 5 minutos.
3. Depois de frio, escorrer e desfiar o peixe, eliminando as espinhas. Reservar.
4. Numa segunda panela, aquecer a metade do azeite e dourar a cebola e depois o alho.
5. Juntar o tomate, os pimentões e os temperos e cozinhar em fogo baixo, com a panela semitampada, por aproximadamente 20 minutos.
6. Numa outra panela, aquecer o restante do azeite e fritar o peixe.
7. Juntar o conteúdo de ambas as panelas, misturar, corrigir o sal, se for preciso, e manter no fogo por mais 5 minutos.

TAMBAQUI RECHEADO E ASSADO NA TELHA

• 6 porções •

Ingredientes

1 tambaqui de aproximadamente 3 kg, limpo e aberto pela barriga
Suco de 2 limões
Sal a gosto
Pimenta-do-reino moída a gosto
4 colheres (sopa) de manteiga
2 cebolas cortadas em pedacinhos
2 dentes de alho amassados
4 ovos cozidos e cortados em rodelas
1 xícara (chá) de azeitonas pretas sem caroço
1 maço de cebolinha picado
1 maço de salsinha picado
2 xícaras (chá) de farinha de mandioca crua

Preparo

1. Temperar o peixe como o suco de limão, o sal e a pimenta-do--reino e deixar por 2 horas.
2. Numa panela, aquecer a manteiga e dourar a cebola e depois o alho.
3. Juntar os ovos, a azeitona, a cebolinha e a salsinha e misturar.
4. Acrescentar a farinha de mandioca aos poucos, mexendo sempre, e cozinhar por 5 minutos, até obter uma farofa.
5. Passar uma porção de manteiga na superfície do peixe, rechear com a farofa e costurar.
6. Colocar o peixe numa travessa de cerâmica e levar ao forno preaquecido a 150 °C por cerca de meia hora, ou até que esteja bem corado.

TORTA DE BODÓ
(ACARI OU CASCUDO)

• 4 porções •

INGREDIENTES

1 kg de bodó limpo
Suco de 1 limão
Água, o suficiente
Sal a gosto
8 colheres (sopa) de azeite de oliva
1 cebola cortada em pedacinhos
2 dentes de alho amassados
2 tomates sem pele nem sementes, cortados em pedacinhos
½ pimentão vermelho cortado em pedacinhos
2 pimentas-de-cheiro picadas
1 pimenta-malagueta picadinha
Pimenta-do-reino moída a gosto
½ xícara (chá) de cebolinha picada
½ xícara (chá) de coentro picado
1 colher (sobremesa) de colorau
4 ovos batidos
½ xícara (chá) de salsinha picada
Rodelas finas de cebola para decorar

PREPARO

1. Deixar o peixe numa vasilha com o suco de limão por meia hora.
2. Cozinhar em água e sal, retirar todas as espinhas e desfiar. Reservar.
2. Numa panela, aquecer o azeite e dourar a cebola e depois o alho.
3. Juntar o tomate e cozinhar por 15 minutos.
4. Acrescentar o pimentão, as pimentas, a cebolinha, o coentro e o colorau e cozinhar por mais 5 minutos. Acrescentar um pouco de água fervente se a mistura estiver muito seca. Corrigir o sal, se necessário.
5. Despejar a metade dos ovos batidos e mexer bem, deixando cozinhar ligeiramente.
6. Adicionar a salsinha.
7. Transferir a mistura para um prato refratário e cobrir com o restante dos ovos.
8. Decorar a superfície com as rodelas de cebola.
9. Assar em forno preaquecido a 180 °C até que a superfície esteja corada.

CARNES E AVES

CARNE DE SOL COM CHIBÉ

• 6 porções •

Ingredientes

Para a carne de sol

1 kg de carne de sol dessalgada (de molho por 12 horas em água trocada ao menos 4 vezes) cortada em cubos pequenos
Água, o suficiente
8 colheres (sopa) de azeite de oliva
1 cebola cortada em rodelas
1 dente de alho amassado
1 xícara (chá) de água fervente
Pimenta-do-reino moída a gosto
1 pimenta-de-cheiro picada
Sal a gosto
½ xícara (chá) de cebolinha picada
½ xícara (chá) de coentro picado
½ xícara (chá) de salsinha picada

Para o chibé

2 xícaras (chá) de água
1 pitada de sal
1 xícara (chá) de farinha-d'água (farinha de mandioca crua), o suficiente

Preparo

Carne de sol

1. Numa panela de pressão, cobrir a carne de sol com água e cozinhar por 20 minutos, contados após o vapor começar a sair. Escorrer a carne cozida e reservar.
2. Numa panela, aquecer bem o azeite e dourar a cebola e depois o alho.
3. Juntar a carne e deixar até que fique bem corada.
4. Acrescentar a água fervente, a pimenta-do-reino, a pimenta-de-cheiro, o sal, a cebolinha e o coentro e cozinhar até quase secar.
5. Retirar do fogo e salpicar a salsinha.

Chibé

1. Em uma panela, ferver a água e adicionar o sal.
2. Juntar a farinha aos pouquinhos à água fervente, mexendo sempre com uma colher de pau, até obter um pirão ralo.

Montagem

Colocar a carne em cumbucas individuais e cobrir com o chibé.

Sugestão

Se quiser incrementar a receita, acrescentar à carne de sol, junto com a pimenta-de-cheiro, 2 tomates sem pele nem sementes, cortados em pedacinhos, e 1 pimentão cortado em tiras.

CARNE DE SOL DESFIADA E ACEBOLADA COM MANTEIGA DO SERTÃO

• 6 porções •

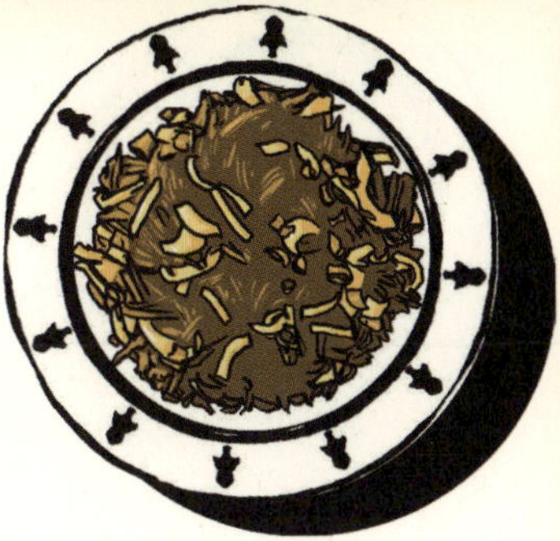

Ingredientes

- 1 kg de carne de sol dessalgada (de molho por 12 horas em água trocada ao menos 4 vezes) cortada em pedaços pequenos
- Água, o suficiente
- ½ xícara (chá) de manteiga de garrafa
- 2 cebolas cortadas em rodelas
- 2 dentes de alho amassados
- Sal a gosto
- ½ xícara (chá) de salsinha picada

Preparo

1. Numa panela de pressão, cobrir a carne de sol com água e cozinhar por 20 minutos, contados após o vapor começar a sair. Escorrer a carne cozida e desfiar bem.
2. Numa panela, aquecer a manteiga de garrafa e dourar a cebola e depois o alho.
3. Juntar a carne de sol desfiada e o sal e cozinhar por 5 minutos, até corar.
4. Retirar do fogo e salpicar a salsinha.

Sugestão

Servir com molho vinagrete e arroz branco.

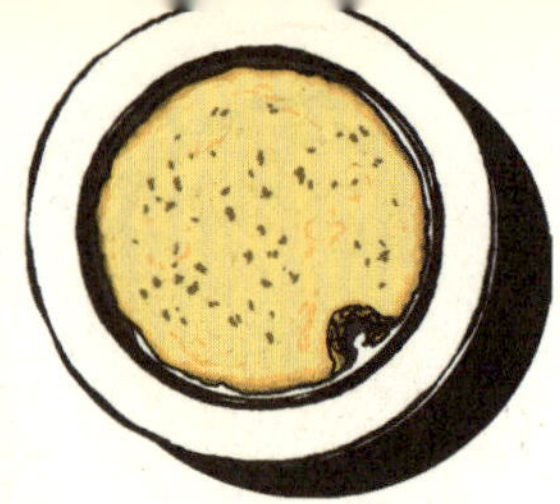

ESCONDIDINHO

• 8 porções •

Ingredientes

Para a carne de sol

1 kg de carne de sol dessalgada (de molho por 12 horas em água trocada ao menos 4 vezes) cortada em pedaços pequenos
Água, o suficiente
4 colheres (sopa) de azeite de oliva
2 cebolas raladas
2 dentes de alho amassados
Sal a gosto

Para o purê de macaxeira

1 ½ kg de macaxeira (mandioca) cozida em água com sal, sem as fibras
300 g de creme de leite
2 colheres (sopa) de manteiga
2 colheres (sopa) de farinha de trigo
Sal a gosto

Para a montagem

2 gemas passadas numa peneira e ligeiramente batidas
100 g de queijo parmesão ralado

Preparo

Carne de sol

1. Numa panela de pressão, cobrir a carne de sol com água e cozinhar por 20 minutos, contados após o vapor começar a sair. Escorrer a carne cozida e desfiá-la bem.
2. Numa panela, aquecer o azeite e dourar a cebola e depois o alho.
3. Juntar o sal e a carne de sol e refogar até que esteja corada.

Purê de macaxeira

1. Amassar bem a macaxeira cozida com um garfo.
2. Juntar os demais ingredientes e bater bem.

Montagem

1. Num prato refratário untado com manteiga, colocar metade do purê de macaxeira e cobrir com a carne de sol.
2. Sobre a carne, colocar a outra metade do purê.
3. Pincelar a superfície com as gemas e salpicar o queijo ralado.
4. Levar ao forno preaquecido a 180 °C e deixar assar por aproximadamente 20 minutos, ou até que o escondidinho esteja borbulhando, e o queijo, derretido.

GALINHA CAIPIRA AO *CURRY* (CARIL)[47]

• 6 porções •

Ingredientes

1 galinha caipira cortada pelas juntas
Água, o suficiente
Suco de 2 limões
Sal a gosto
2 colheres (sopa) de *curry* bem cheias
2 cebolas cortadas em pedacinhos
3 dentes de alho esmagados
2 tomates sem pele nem sementes, cortados em pedacinhos
1 maço de salsinha picado
1 maço de cebolinha picado
4 pimentas-de-cheiro picadas

Preparo

1. Lavar bem a galinha em água abundante e depois em água com suco de 1 limão. Temperar com o sal e o suco de 1 limão e deixar descansar por 1 hora.
2. Numa panela, dissolver o *curry* em água e levar ao fogo baixo, mexendo sempre, até engrossar.
3. Acrescentar a cebola e o alho e refogar.
4. Juntar a galinha e refogar, a fim de que os pedaços fiquem corados. Adicionar 1 xícara (chá) de água e deixar cozinhar.
5. Quando a galinha estiver quase cozida, corrigir o sal se necessário e acrescentar o tomate, a salsinha, a cebolinha e a pimenta-de-cheiro. Manter no fogo até que a galinha esteja bem cozida.

Sugestão

Servir com arroz branco.

47. Adaptação da receita original de Iara Bednarczuk. Cf. BEDNARCZUK, Iara. Galinha caipira ao *curry*. *Blog da Iara*. 9 set. 2019. Disponível em: http://blogdaiara.com.br/2019/09/09/galinha-caipira-ao-curry/. Acesso em: 10 out. 2019.

GUISADO DE GALINHA CAIPIRA

• 6 porções •

Ingredientes

1 galinha (caipira, de preferência) cortada em pedaços
Sal a gosto
Suco de 1 limão
4 colheres (sopa) de azeite de oliva
1 cebola cortada em pedacinhos
2 dentes de alho amassados
1 tomate sem pele nem sementes, cortado em pedacinhos
½ pimentão vermelho cortado em pedacinhos
1 pimenta-de-cheiro picada
1 pimenta-malagueta picada
½ xícara (chá) de salsinha picada
½ xícara (chá) de cebolinha picada
½ xícara (chá) de coentro picado
1 colher (sopa) de colorau
1 colher (chá) de cominho
1 colher (chá) de pimenta-do-reino moída
4 colheres (sopa) de purê de tomate
1 colher (sopa) de vinagre
1 ½ l de água fervente

Preparo

1. Lavar a galinha e deixar numa marinada com sal e suco de limão por meia hora. Escorrer e reservar.
2. Numa panela, aquecer o azeite e dourar a cebola e depois o alho.
3. Juntar os pedaços da galinha e deixar corar bem.
4. Acrescentar os demais ingredientes (menos a água) e manter no fogo por cerca de 10 minutos, mexendo sempre para não grudar no fundo da panela.
5. Despejar a água e cozinhar por aproximadamente 40 minutos, ou até que a carne esteja cozida e o caldo reduzido.

Sugestão

Servir com arroz branco, pirão de farinha de mandioca preparado com o próprio caldo do guisado e molho de pimenta da preferência.

MIXIRA[48]

• 12 porções •

Ingredientes

2 kg de carne suína (de preferência lombo) cortada em cubos de aproximadamente 5 cm
2 colheres (sobremesa) de sal
Suco de 1 limão
3 dentes de alho amassados
Pimenta-do-reino moída a gosto
2 folhas de louro
2 kg de toucinho sem pele, cortado em pedacinhos

Preparo

1. Numa vasilha, temperar a carne com a metade do sal, o suco de limão, o alho, a pimenta-do-reino e o louro e deixar na geladeira por 12 horas.
2. Numa panela, preferencialmente de ferro, colocar o toucinho e a outra metade do sal e levar ao fogo médio. Mexer de vez quando com uma colher de pau e deixar até que o toucinho esteja derretido e dourado. Retirar o torresmo que tiver se formado.
3. Juntar a carne e fritá-la na gordura da panela, mexendo de vez em quando, até que fique bem corada. Apagar o fogo e deixar amornar na própria panela, sem contudo esfriar completamente, pois a gordura vai se solidificar quando isso acontecer.
4. Com uma escumadeira, retirar os pedaços de carne e acondicioná-los no pote em que serão conservados.
5. Passar por uma peneira a gordura que ficou na panela, a fim de retirar os pedaços de carne que restaram após a fritura.
6. Derramar a gordura coada no pote até cobrir completamente a carne. Isso é fundamental para que a carne não se deteriore. Cuidar para que não fiquem bolhas de ar dentro do pote.
7. Deixar esfriar e tampar o pote.
8. Conservar em lugar fresco.

48. Sobre a origem dessa comida, cf. MIXIRA: tradição exótica e saudável. *Folha de Boa Vista*, 21 maio 2018. Disponível em: https://folhabv.com.br/noticia/VARIEDADES/Cultura/Mixira--tradicao-exotica-e-saudavel/40058. Acesso em: 3 set. 2020.

PAÇOCA DE CARNE DE SOL COM BANANA

• 6 porções •

Ingredientes

500 g de carne de sol dessalgada (de molho por 12 horas em água trocada ao menos 4 vezes) e desfiada
Água, o suficiente
6 colheres (sopa) de óleo
1 cebola picada em pedacinhos
2 dentes de alho descascados e amassados
Sal a gosto
300 g de farinha-d´água (farinha de mandioca crua)
4 bananas-da-terra maduras, cozidas e cortadas em rodelas
1 maço de salsinha picado

Preparo

1. Numa panela de pressão, cobrir a carne de sol com água e cozinhar por 20 minutos, contados após o vapor começar a sair. Escorrer a carne cozida e reservar.
2. Numa panela, aquecer o óleo e dourar a cebola e depois o alho.
3. Juntar a carne de sol e refogar até que esteja corada. Adicionar 1 xícara (chá) de água quente e o sal e cozinhar até quase secar.
4. Acrescentar a farinha aos poucos, mexendo sempre com uma colher de pau, por aproximadamente 10 minutos, até torrá-la ligeiramente. Deixar esfriar.
5. Socar a mistura da carne de sol com a farinha em um pilão.
6. Antes de servir, juntar a banana e salpicar a salsinha.

PERNIL DE CABRITO À MODA DE RORAIMA

• 6 porções •

Ingredientes

1 pernil de cabrito de aproximadamente 3 kg
Suco de 2 limões
4 colheres (sopa) de vinagre de vinho tinto
Sal a gosto
4 dentes de alho esmagados
1 xícara (chá) de cerveja
Pimenta-do-reino moída a gosto
1 pimenta-malagueta picada
4 colheres (sopa) de manteiga

Preparo

1. Com uma faca, fazer furos em toda a superfície do pernil para que o tempero penetre bem na carne.
2. Deixar o pernil numa marinada feita com o suco de limão, o vinagre, o sal, o alho, a cerveja, a pimenta-do-reino e a pimenta-malagueta por ao menos 5 horas, virando de vez em quando para que o tempero pegue de modo igual em toda a carne. Se preferir temperar na véspera, pôr o pernil na geladeira durante a noite.
3. Untar o pernil com a manteiga, colocar numa assadeira, junto com a marinada, cobrir com papel-alumínio e levar ao forno preaquecido a 180 °C por 40 minutos.
4. Retirar o papel-alumínio, regar o pernil com o próprio caldo da assadeira e deixar no forno por mais 30 minutos aproximadamente, ou até que a superfície esteja bem corada.

PICADINHO DE CARNE DE SOL COM ABÓBORA[49]

• 6 porções •

Ingredientes

1 kg de carne de sol dessalgada (de molho por 12 horas em água trocada ao menos 4 vezes) cortada em cubos
Água, o suficiente
½ xícara (chá) de azeite de oliva
1 cebola cortada em pedacinhos
2 dentes de alho amassados
1 kg de abóbora madura cortada em cubos
2 tomates sem pele nem sementes, cortados em pedacinhos
Sal a gosto
Pimenta-do-reino moída a gosto
1 pimenta-de-cheiro picada
1 pimenta-malagueta picada
½ xícara (chá) de salsinha picada
½ xícara (chá) de cebolinha picada
½ xícara (chá) de coentro picado

Preparo

1. Cozinhar a carne com água numa panela de pressão por 20 minutos, contados a partir do momento em que começar a sair o vapor. Escorrer.
2. Numa panela, aquecer o azeite e dourar a cebola e depois o alho.
3. Juntar a carne e deixar dourar.
4. Acrescentar a abóbora, o tomate, o sal e as pimentas e cozinhar até que a abóbora esteja macia.
5. Adicionar a salsinha, a cebolinha e o coentro e retirar do fogo.

Sugestão

Servir com arroz branco.

49. Adaptação da receita preparada na Feira do Produtor Rural de Boa Vista.

PICADINHO DE CARNE DE SOL NA NATA[50]

• 6 porções •

Ingredientes

1 kg de carne de sol dessalgada (de molho por 12 horas em água trocada ao menos 4 vezes) cortada em cubos
Água, o suficiente
½ xícara (chá) de óleo
1 cebola cortada em pedacinhos
3 dentes de alho amassados
4 pimentas-de-cheiro picadas
Pimenta-do-reino moída a gosto
½ xícara (chá) de cebolinha picada
½ xícara (chá) de coentro picado
4 maxixes picados
1 maço de couve cortado em tiras
Sal a gosto
500 g de creme de leite fresco
½ xícara (chá) de salsinha picada
2 bananas-pacovas cozidas com a casca e depois descascadas e cortadas em pedaços (se preferir, usar 2 bananas-da-terra)

Preparo

1. Cozinhar a carne com água numa panela de pressão por 20 minutos, contados a partir do momento em que começar a sair o vapor. Escorrer.
2. Numa panela, aquecer o óleo e dourar a cebola e depois o alho.
3. Juntar a carne e refogar por 10 minutos.
4. Acrescentar a pimenta-de-cheiro, a pimenta-do-reino, a cebolinha, o coentro, o maxixe, a couve e o sal. Regar com 1 xícara (chá) de água e deixar cozinhar até que o maxixe e a couve estejam cozidos, e a mistura, quase seca.
5. Adicionar o creme de leite e a salsinha, misturar e retirar do fogo assim que começar a ferver.
6. Numa travessa de servir, colocar os pedaços de banana e cobrir com a carne na nata.

50. Adaptação da receita original da *chef* Olinda Pereira de Melo, conhecida como Dona Kalu Brasil. Cf. DONA Kalu prepara carne de sol na nata do leite com acompanhamentos da culinária indígena. [201-]. 1 vídeo (19 min.). Disponível em: http://redeglobo.globo.com/videos/t/auditorio/v/dona-kalu-prepara-carne-de-sol-na-nata-do-leite-com-acompanhamentos-da-culinaria-indigena/5819182/?mais_vistos=1. Acesso em: 20 nov. 2019.

ROUPA-VELHA

• 6 porções •

Ingredientes

1 kg de carne de sol dessalgada (de molho por 12 horas em água trocada ao menos 4 vezes) cortada em pedaços pequenos
Água, o suficiente
4 colheres (sopa) de óleo
2 cebolas cortadas em pedacinhos
3 dentes de alho picados em pedacinhos
½ pimentão vermelho cortado em pedacinhos
Sal a gosto
250 g de farinha de mandioca crua
½ xícara (chá) de salsinha picada
½ xícara (chá) de cebolinha picada

Preparo

1. Cozinhar a carne com água numa panela de pressão por 20 minutos, contados a partir do momento em que começar a sair o vapor. Reservar a água do cozimento. Escorrer e desfiar a carne.
2. Numa panela, aquecer o óleo e refogar a cebola e depois o alho.
3. Juntar a carne de sol e deixar corar.
4. Acrescentar o pimentão, 100 ml da água do cozimento da carne e sal se necessário.
5. Deixar o caldo secar um pouco e adicionar devagar a farinha de mandioca, mexendo sempre.
6. Retirar do fogo e salpicar a salsinha e a cebolinha.

TORTA DE CARNE DE SOL

• 6 porções •

Ingredientes

1 kg de carne de sol dessalgada (de molho por 12 horas em água trocada ao menos 4 vezes) cortada em pedaços pequenos
Água, o suficiente
8 colheres (sopa) de azeite de oliva
2 cebolas cortadas em rodelas
2 dentes de alho amassados
2 tomates sem pele nem sementes, cortados em pedacinhos
½ pimentão vermelho cortado em pedacinhos
2 pimentas-de-cheiro picadas
1 pimenta-malagueta picada
Pimenta-do-reino moída a gosto
½ xícara (chá) de cebolinha picada
½ xícara (chá) de coentro picado
1 colher (sobremesa) de colorau
Sal a gosto
4 ovos batidos
½ xícara (chá) de salsinha picada
Rodelas finas de cebola para decorar

Preparo

1. Numa panela de pressão, cobrir a carne de sol com água e cozinhar por 20 minutos, contados após o vapor começar a sair. Escorrer a carne cozida e desfiá-la bem.
2. Numa panela, aquecer o azeite e dourar a cebola e depois o alho.
3. Juntar o tomate e cozinhar por 15 minutos.
4. Acrescentar o pimentão, as pimentas, a cebolinha, o coentro e o colorau e cozinhar por mais 5 minutos. Acrescentar um pouco de água fervente se a mistura estiver muito seca. Corrigir o sal se necessário.
5. Despejar a metade dos ovos batidos e mexer bem, deixando cozinhar ligeiramente.
6. Adicionar a salsinha.
7. Transferir a mistura para um prato refratário e cobrir com o restante dos ovos.
8. Decorar a superfície com rodelas de cebola.
9. Assar em forno preaquecido a 180 °C até que a superfície esteja corada.

ALIMENTOS DA TRADIÇÃO INDÍGENA

COGUMELOS *SANÖMA* (YANOMAMI) ASSADOS NA BRASA

• 4 porções •

INGREDIENTES

1 kg de cogumelos *sanöma* lavados
4 bananas-pacovas verdolengas, descascadas (se preferir, usar banana-da-terra)
Beiju de mandioca, o suficiente

SUGESTÃO

Na falta do braseiro, os cogumelos podem ser assados em forno envolvidos em papel-alumínio.

PREPARO

1. Enrolar os cogumelos em folhas de bananeira (ou de outro tipo) para assar na brasa.
2. Assar num braseiro (ou churrasqueira) por aproximadamente meia hora.
3. Sobre o mesmo braseiro, assar as bananas.
4. Servir num prato os cogumelos, as bananas e o beiju, acompanhados de uma cuia de chibé.[51]

OBSERVAÇÃO

Esses cogumelos frescos dificilmente serão encontrados fora da região de Awaris, Terra Indígena Yanomami. Se não for possível, pode-se preparar a receita com cogumelos similares.

51. Ver receita no capítulo "Bebidas", p. 101.

COGUMELOS *SANÖMA* (YANOMAMI) COZIDOS[52]

• 4 porções •

Ingredientes

1 kg de cogumelos *sanöma* lavados
Água, o suficiente
Sal a gosto
Pimenta-malagueta (ou outra da preferência) fresca a gosto
Beiju para engrossar, o suficiente

Preparo

1. Numa panela de barro, cozinhar os cogumelos em água com o sal e a pimenta por 10 minutos.
2. Retirar a panela do fogo e juntar o beiju, mexendo sempre, de modo a engrossar o caldo.
3. Servir quente, em cuias.

52. Ver observação no fim da receita anterior, "Cogumelos *sanöma* (yanomami) assados na brasa", p. 59.

LAGARTAS (*TEREKARA*)

Por se tratar de alimento quase exclusivamente indígena, em particular da etnia Makuxi, a identificação das lagartas comestíveis e sua coleta devem ficar a cargo de quem conheça por tradição esse hábito culinário. Elas costumam aparecer após as chuvas, entre junho e agosto.

Depois de coletadas, em geral nas folhas da maniva (mandioca) ou em árvores como a mutambeira, as lagartas passam pelo processo de limpeza, quando se retiram a cabeça, as tripas e as fezes.

Em seguida, são lavadas em água corrente. Um pouco de limão ou vinagre cai bem como auxílio na lavagem.

Por fim, são cozidas por cerca de 40 minutos em panela de barro, no mesmo caldo que se prepara para a damorida, feito com água, pimentas diversas, folhas de cariru e sal. O mais comum, entretanto, é usar como tempero apenas sal e jiquitaia.[53] Também se usa fritar as lagartas, depois de cozidas, para que fiquem mais coradas e crocantes.

Como acompanhamento, beiju ou arroz branco.

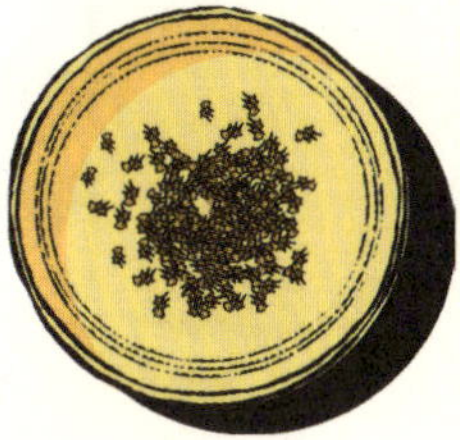

SAÚVA (*KIAWÎ*)

As saúvas comestíveis costumam surgir após as chuvas, entre abril e maio. Por ser um alimento da tradição indígena, particularmente Makuxi, a coleta deve ser guiada por alguém que saiba identificá-las com segurança.

Depois de coletadas, as saúvas são lavadas e têm as asas retiradas. Em seguida, são levadas ao cozimento em panela de barro, por cerca de 40 minutos, no caldo da damorida, preparado com água, pimentas diversas, folhas de cariru e sal. Podem ainda servir de complemento para peixes e carnes no molho da damorida.

Também se costuma comer as saúvas fritas, depois de lavadas e de ter as asas retiradas. Qualquer que seja o preparo, o acompanhamento em regra é o beiju.

53. Ver sobre a jiquitaia no capítulo "Acompanhamentos, ingredientes e condimentos", p. 68.

ACOMPANHAMENTOS, INGREDIENTES E CONDIMENTOS

ARUBÉ

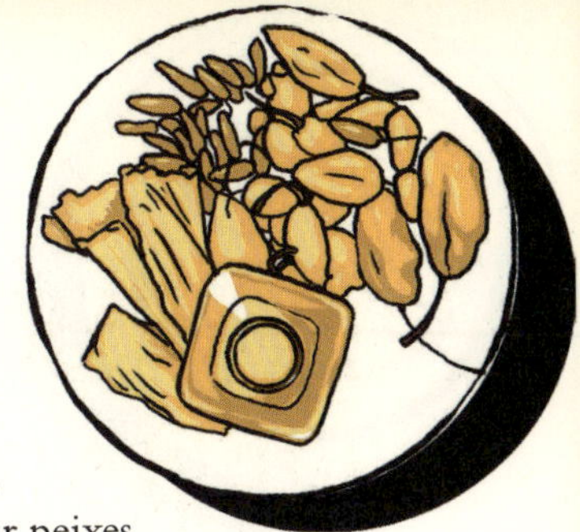

Também conhecido como "mostarda indígena", o arubé é um concentrado utilizado para condimentar peixes e carnes. No passado, foi muito usado por várias etnias de Roraima, principalmente Makuxi, Taurepang, Ingarikó e Wapixana. Hoje em dia, só é encontrado em aldeias mais distantes e isoladas, preparado, em geral, por indígenas mais velhos. Entretanto, descoberto e valorizado por *chefs* de cozinha, seu uso extrapolou a cultura indígena e hoje está presente em restaurantes que fazem releitura da culinária tradicional brasileira.

O preparo consiste na mistura de tucupi, goma e massa de mandioca (mandioca ralada e espremida), de modo a formar uma pasta mole, sobre a qual se acrescentam pimentas diversas. No preparo feito por não indígenas, é comum acrescentar sal, cebola ralada e cheiro-verde. Depois, a mistura é levada ao fogo numa panela. Fica pronta quando a massa da mandioca estiver cozida.

Em forma de molho, o arubé pode ser conservado em geladeira e aplicado, como condimento, sobre peixes e carnes em marinada antes de serem assados ou cozidos.

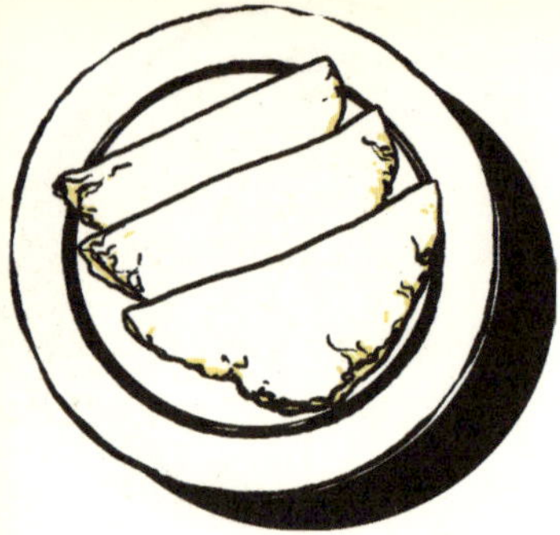

BEIJU

• 10 unidades •

Ingredientes

3 xícaras (chá) de goma de mandioca seca
Água, o suficiente
Manteiga, o suficiente

Preparo

1. Numa vasilha, colocar a goma e juntar aos poucos uma quantidade de água suficiente para obter uma massa úmida, mas não mole.
2. Misturar com as mãos até obter uma espécie de farinha granulada e solta.
3. Aquecer uma frigideira pequena e nela polvilhar uma quantidade da farinha suficiente para fazer uma camada fina e de espessura uniforme.
4. Manter no fogo até que se forme uma liga.
5. Com uma escumadeira, virar o beiju que se está formando para cozinhar o outro lado.
6. Tirar o beiju da frigideira e passar uma quantidade pequena de manteiga em uma das superfícies.
7. Se preferir, fazer rolinhos com os beijus ainda quentes.

COGUMELOS *SANÖMA* (YANOMAMI) SECOS

Os cogumelos *sanöma* secos são apresentados em duas versões: integrais e em pó.

Cogumelos integrais

Devem ser deixados de molho em água por ao menos 3 horas. Depois, são escorridos, picados ou mantidos inteiros e usados como ingrediente para risotos e molhos de macarrão que levam *funghi secchi* na receita. Podem também ser cozidos junto com outros legumes para consumo em refeições.

Cogumelos em pó

Depois de cozidos em água, podem ser usados como caldo para as mais diversas receitas, particularmente em risotos e sopas em geral.

Além disso, o pó é utilizado como tempero em marinadas para carnes, aves e peixes, assados ou cozidos.

CUMAXI

Outrora usual entre os Makuxi e os Taurepang, em Roraima, e os Pemon, na Venezuela, o cumaxi é um condimento semelhante ao arubé, só que feito a partir da mistura de tucupi com uma pasta de pimentas cozidas.

Primeiramente, as pimentas têm os cabinhos retirados e depois são socadas em um pilão ou, mais modernamente, passadas em um processador de alimentos. Depois são cozidas com um pouco de água até ficar com a consistência densa.

A essa pasta se acrescenta o tucupi, de modo a obter uma espécie de creme, que pode ser conservado em geladeira e utilizado da mesma forma que o arubé.[54]

54. Ver antes, neste mesmo capítulo, p. 63.

FARINHA DE BURITI[55]

A farinha de buriti pode ser empregada em bolos e biscoitos, geralmente misturada com farinha de trigo.

Ingrediente

Polpa de buriti

Preparo

Extração da polpa

1. Logo após a coleta dos frutos, acondicioná-los num recipiente que possa ser fechado, a fim de abafar por 2 dias, apressando o amadurecimento.
2. Colocar os buritis em uma vasilha e cobrir com água, deixando por mais 2 dias, até a casca se desprender.
3. Retirar as cascas delicadamente, cuidando para que a polpa não saia junto.
4. Com o auxílio de uma colher, raspar a polpa do endocarpo (parte que protege a semente).

Farinha

1. Num forno em temperatura baixa, levar a polpa de buriti a secar, mas não completamente. É necessário manter alguma umidade.
2. Passar a polpa seca por um processador, até que atinja a consistência de farinha.

55. Receita recolhida pelo pesquisador Herundino Ribeiro entre os Makuxi na comunidade de Guariba, na Terra Indígena Araçá. Cf. AVENTURA em Roraima. *Globo Repórter*. [20--]. Disponível em: http://globoreporter.globo.com/Globoreporter/0,19125,VVM0-2708-16149-1-0,00.html. Acesso em: 20 nov. 2019.

GELEIA DE PIMENTA

• Aproximadamente 400 ml •

Ingredientes

10 pimentas-de-cheiro sem sementes
1 pimenta-malagueta sem sementes (opcional)
2 maçãs descascadas sem sementes
1 dente de alho pequeno
100 ml de água
200 g de açúcar
50 ml de vinagre de maçã
1 pitada de sal

Preparo

1. Num processador ou liquidificador, bater as pimentas, a maçã e o alho com a água.
2. Numa panela, levar a mistura batida ao fogo baixo e juntar o açúcar, o vinagre e o sal.
3. Mexendo sempre com uma colher de pau, deixar cozinhar por cerca de 30 minutos ou até obter a consistência de geleia.
4. Depois de fria, colocar a geleia em um recipiente de vidro e conservar na geladeira.

Sugestão

Usar a geleia sobre queijos, frios e carnes assadas.

JIQUITAIA

Jiquitaia, ora chamada "juquitaia", "iekitáia" e "iukitáia", e ora grafada como "giquitaia", "jiquitaya" e "jektaia", é uma palavra de origem tupi que designa a mistura de sal (*yukí*) com pimenta (*taya*). Seu preparo e uso, tradicional entre os indígenas, não se limita à alimentação, sendo também medicinal e ritual.

Na verdade, não há uma fórmula única para o preparo da jiquitaia. As versões variam entre os grupos, as aldeias e os especialistas que as produzem. *Grosso modo*, é feita com uma mistura de sal com pimentas secas da preferência de quem a prepara, em geral bastante "ardosas".

Uma vez escolhidas as pimentas, todas do gênero botânico *Capsicum*, são colocadas para secar ao sol (pode ser numa peneira) pelo tempo necessário para que fiquem completamente desidratadas. Isso costuma demorar alguns dias. Outra maneira de secar é torrando no forno.

Depois de secas, a pimentas têm os cabinhos retirados e são socadas num pilão junto com uma porção de sal. O resultado final é uma espécie de farinha, que é guardada em potes e usada na cozinha como condimento forte para toda sorte de comida, particularmente peixes e carnes.

MACAXEIRA COZIDA

• 6 porções •

Ingredientes

1 kg de macaxeira (mandioca) descascada e cortada em pedaços
Água, o suficiente

Preparo

1. Numa panela, cobrir a macaxeira com água e levar a cozinhar até que esteja macia.
2. Servir no café da manhã ou nas refeições, especialmente como acompanhamento para carnes e peixes cozidos e caldosos.

MACAXEIRA FRITA

• 6 porções •

Ingredientes

1 kg de macaxeira (mandioca) crua e descascada, cortada em pedaços médios e com as fibras retiradas
Água, o suficiente
Óleo para fritar
Sal a gosto

Preparo

1. Numa panela, cobrir os pedaços de macaxeira com água e cozinhar até ficarem macios. Retirar e escorrer bem.
2. Numa frigideira alta, aquecer o óleo (deixar bem quente) e fritar os pedaços de macaxeira até que tomem cor dourada.
3. Retirá-los da frigideira e colocá-los sobre uma folha de papel absorvente para eliminar o excesso de gordura.
4. Salpicar sal na hora de servir.

MOLHO DE *CURRY* (CARIL)

• Cerca de 200 ml •

Ingredientes

4 colheres (sopa) de manteiga
1 colher (sopa) da parte branca da cebolinha (cheiro-verde), picada em pedacinhos
1 colher (sobremesa) de salsinha bem picada
1 xícara (café) de água
1 colher (sobremesa) de *curry*
1 gema
½ xícara (chá) de creme de leite fresco
Sal a gosto
Pimenta-do-reino moída a gosto

Preparo

1. Numa panela, misturar a manteiga, a parte branca da cebolinha e a salsinha e levar ao fogo médio.
2. Quando a cebolinha estiver refogada, juntar a água e deixar até quase todo o líquido secar.
3. Numa tigela, misturar muito bem todos os outros ingredientes e acrescentá-los à panela. Manter no fogo, mexendo sempre, apenas até obter um molho cremoso e homogêneo, sem deixar ferver.

Sugestão

Usar o molho como condimento para aves, carnes, peixes e frutos do mar.

MOLHO DE PIMENTA

• Cerca de 250 ml •

INGREDIENTES

125 ml de água
250 ml de vinagre de vinho branco
1 colher (chá) de sal
1 colher (chá) de açúcar
2 folhas de louro
2 colheres (sopa) de azeite de oliva
½ cebola cortada em pedacinhos
1 dente de alho cortado em pedacinhos
200 g da pimenta da preferência, sem o cabinho e cortada ao meio

PREPARO

1. Numa panela, misturar a água, o vinagre, o sal, o açúcar e o louro e levar ao fogo. Depois que levantar fervura, deixar por 2 minutos e retirar o louro. Reservar.
2. Em outra panela, aquecer o azeite e refogar a cebola e depois o alho.
3. Acrescentar a pimenta e refogar por mais 2 minutos.
4. Juntar o conteúdo da panela que estava reservado e deixar em fogo baixo por cerca de 10 minutos, ou até que a pimenta esteja macia.
5. Depois de fria a mistura, bater num processador de alimentos ou liquidificador.
6. Acondicionar o molho em um pote de vidro esterilizado, tampar e manter na geladeira por 30 dias antes de usar.

SUGESTÃO

Se desejar um molho mais forte, manter algumas sementes da pimenta.

RISOTO DE CUPUAÇU[56]

• 4 porções •

Ingredientes

Para o caldo de legumes

1 cenoura descascada e cortada em pedaços
1 tomate cortado em quartos
2 talos de salsão picados
1 alho-poró cortado em rodelas
1 cebola cortada em quartos
1 dente de alho
2 pimentas-de-cheiro cortadas em pedaços
1 colher (sopa) de pimenta-do-reino em grão
1 maço de cebolinha (incluindo a parte branca)
1 maço de salsinha
2 folhas de louro
Água, o suficiente

Para o risoto

6 colheres (sopa) de azeite de oliva
½ cebola cortada em pedacinhos
1 xícara (chá) de arroz
100 ml de vinho branco seco
100 ml de polpa de cupuaçu
2 xícaras (chá) do caldo de legumes
30 g de manteiga sem sal
Sal a gosto
Pimenta-do-reino moída a gosto
2 colheres (sopa) de queijo parmesão ralado
60 g de castanhas-do-pará grosseiramente trituradas
4 folhas de jambu ou cariru cozidas

Preparo

Caldo de legumes

1. Numa panela grande, juntar todos os ingredientes, cobrir com água e deixar cozinhar por 1 hora em fogo baixo, repondo água fervente à medida que o caldo for secando.
2. Coar numa peneira e desprezar a parte sólida.

56. Adaptação da receita original do risoto de cupuaçu do *chef* Beto Bellini. Cf. APRENDA a fazer um risoto de cupuaçu. [20--]. 1 vídeo (8 min.). Disponível em: http://g1.globo.com/ac/acre/videos/t/amazonia-rural/v/parte-3-aprenda-a-fazer-um-risoto-de-cupuacu/7188936/. Acesso em: 14 fev. 2020.

Risoto

1. Numa panela de pressão, aquecer o azeite e dourar a cebola.
2. Acrescentar o arroz e refogar.
3. Juntar o vinho e deixar levantar fervura.
4. Adicionar a polpa de cupuaçu e cozinhar por aproximadamente 5 minutos, mexendo sempre.
5. Despejar o caldo de legumes, tampar a panela e cozinhar por 6 minutos, contados após o vapor começar a sair.
6. Abrir a panela, juntar a manteiga, o sal, a pimenta-do-reino e o queijo e mexer bem com uma colher de pau.
7. Colocar o risoto numa travessa, polvilhar a castanha-do-pará e decorar com as folhas de jambu ou cariru.

Sugestão

Na falta de jambu ou cariru, usar outras folhas da preferência, como espinafre, beldroega ou ora-pro-nóbis.

COMIDAS DE RUA E LANCHES

AREPA VENEZUELANA

• 8 unidades •

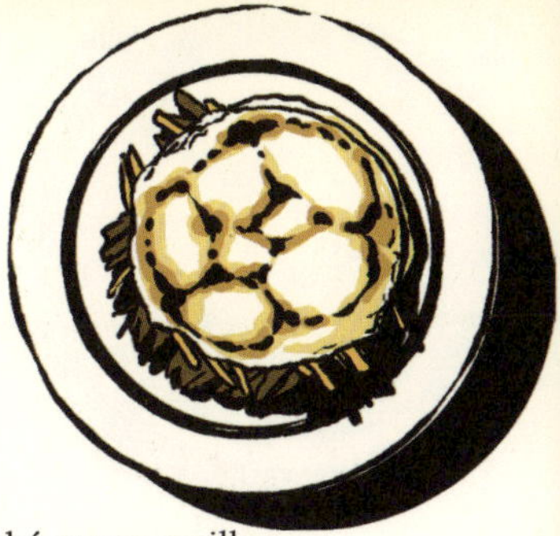

INGREDIENTES

500 g de fubá de milho
500 ml de água quente
Sal a gosto
1 colher (chá) de manteiga amolecida
Queijo muçarela em fatias (opcional)

PREPARO

1. Colocar o fubá numa vasilha e juntar a água misturada com o sal.
2. Sovar com as mãos até obter uma massa homogênea, compacta e lisa.
3. Acrescentar a manteiga e sovar mais, até que esteja incorporada à massa.
4. Dividir a massa em oito partes e moldar uma bola com cada uma delas. Deixar repousar por meia hora.
5. Com um rolo (bilha), abrir as bolas de massa até obter uma espessura de cerca de 2 cm.
6. Numa assadeira untada com manteiga, assar em forno baixo (preaquecido a 150 °C) até que as *arepas* fiquem douradas de ambos os lados.
7. Pincelar a superfície das *arepas* com manteiga misturada a uma pitada de sal e consumi-las no café da manhã ou no lanche.
8. Se desejar, abrir as *arepas* ao meio e recheá-las com o queijo. Levar ao forno aquecido a 180 °C até derreter o queijo.

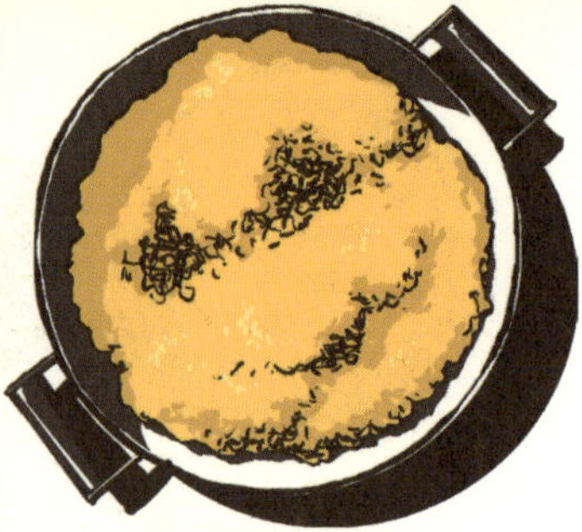

CUSCUZ DE FLOCOS DE MIILHO

• 5 unidades •

Ingredientes

250 g de flocos de milho pré-cozidos (tipo Milharina)
2 colheres (sopa) de açúcar
1 pitada de sal
4 colheres (sopa) de coco fresco ralado
1 xícara (chá) de água

Preparo

1. Numa vasilha, misturar os flocos de milho com o açúcar, o sal e o coco ralado e juntar a água aos poucos, mexendo com as mãos até obter uma massa homogênea e consistente. A mistura não pode ficar mole.
2. Levar a massa a uma cuscuzeira já preparada com água e deixar descansar por meia hora.
3. Cozinhar em fogo médio por 15 minutos. Depois de cozido, deixar na cuscuzeira fechada por mais 5 minutos.

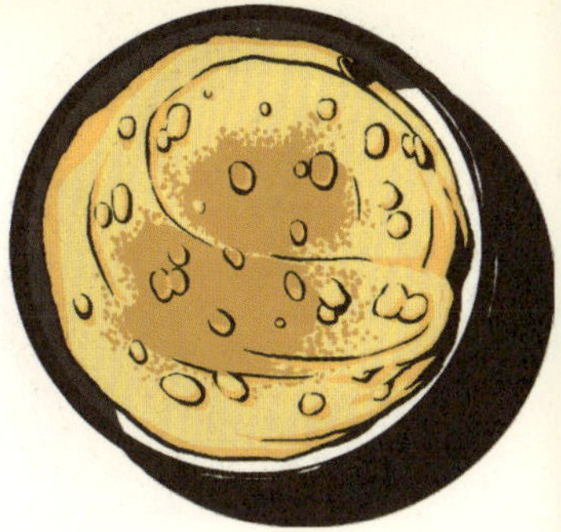

MINGAU DE BANANA-PACOVA

• 6 porções •

INGREDIENTES

3 bananas-pacovas maduras, descascadas e cortadas em rodelas (na falta, pode-se usar banana--da-terra)
Água, o suficiente
1 colher (sopa) de açúcar
395 g (1 lata) de leite condensado
1 xícara (chá) de farinha de tapioca
200 ml de leite de coco
300 g (1 lata) de creme de leite
1 pitada de sal
Castanha-do-pará triturada a gosto
Canela em pó a gosto

PREPARO

1. Numa panela, cobrir as bananas com água e cozinhar até que fiquem macias.
2. Juntar o açúcar e retirar do fogo. Reservar.
3. No liquidificador, bater metade das bananas junto com metade do caldo de seu cozimento.
4. Juntar o leite condensado e bater mais.
5. Na panela com a outra metade das bananas, acrescentar a farinha de tapioca e as bananas batidas no liquidificador e levar ao fogo médio.
6. Adicionar o leite de coco, o creme de leite e o sal e cozinhar por mais 5 minutos, mexendo sempre. Se a mistura estiver muito grossa, juntar um pouco de água fervente, a fim de obter a consistência de um mingau mole.
7. Retirar do fogo e servir em tigelas individuais, polvilhando com a castanha-do-pará e a canela.

MINGAU DE FARINHA DE TAPIOCA

(*IMU YAINÎSA KIYAURIRÎ*)

• 4 porções •

Ingredientes

1 xícara (chá) de farinha de tapioca
350 ml de água ou leite
Açúcar a gosto
1 pitada de sal
1 pau de canela (opcional)
2 cravos-da-índia (opcional)

Preparo

1. Dissolver a farinha em metade da água ou leite.
2. Numa panela, juntar a farinha dissolvida ao restante da água ou leite e demais ingredientes.
3. Cozinhar em fogo baixo, mexendo sempre com uma colher de pau até obter a consistência de um mingau e aparecer o fundo da panela.

PEPITO VENEZUELANO

• 1 unidade •

Ingredientes

200 g de carne (alcatra, coxão duro ou patinho) picadinha na ponta da faca (se preferir, usar peito de frango também picadinho)
1 dente de alho picadinho
½ cebola pequena picada em pedacinhos
¼ de pimentão vermelho cortado em pedacinhos
Folhas de salsinha a gosto
Cebolinha picada a gosto
1 colher (chá) de pimenta-do-reino moída
1 colher (café) de cominho
1 colher (café) de orégano
1 colher (café) de colorau
Sal a gosto
1 pão comprido
2 fatias de tomate
2 folhas de alface picadas
2 fatias de queijo muçarela
1 fatia de presunto
1 ovo frito
Maionese, mostarda e *ketchup* a gosto
Batatas fritas em palitos

Preparo

1. Numa vasilha, juntar a carne (ou frango) com o alho, a cebola, o pimentão, a salsinha, a cebolinha, os temperos e o sal e misturar bem com as mãos.
2. Colocar a carne com os temperos sobre uma chapa quente (ou numa frigideira sobre o fogo) e deixar grelhar até que a carne (ou o frango) esteja cozida.
3. Partir o pão ao meio no sentido longitudinal e colocar o tomate e a alface de ambos os lados.
4. Rechear com a carne (ou frango), acrescentar as fatias de queijo e presunto e o ovo frito.
5. Adicionar a maionese, a mostarda e o *ketchup*.
6. Servir com o acompanhamento de batatas fritas.

TAPIOCA DE COCO

• 1 porção •

Ingredientes

Goma de tapioca hidratada, o suficiente para fazer uma camada fina no fundo de uma frigideira
1 pitada de sal
Coco fresco ralado a gosto

Preparo

1. Numa vasilha, misturar a goma de tapioca e o sal.
2. Levar ao fogo uma frigideira antiaderente e deixar que fique bem aquecida.
3. Com o auxílio de uma colher, polvilhar a goma de tapioca de modo a preencher todo o fundo da frigideira com uma camada fina.
4. Alisar a tapioca com uma colher para que fique uma superfície plana e uniforme.
5. Assim que se formar uma espécie de beiju, acrescentar o coco ralado sobre a superfície e dobrar a tapioca ao meio, de modo a cobrir o recheio.

TAPIOCA DE COCO COM BANANA

• 1 porção •

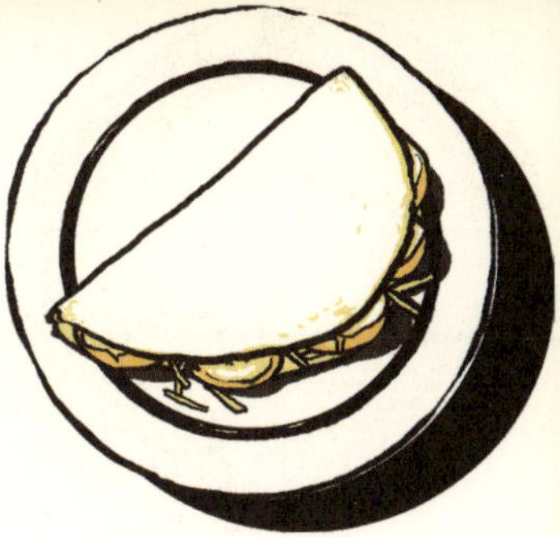

Ingredientes

1 colher (sopa) de açúcar
1 colher (sopa) de água
½ banana-da-terra cortada em rodelas finas
2 colheres (sopa) de coco fresco
Goma de tapioca hidratada, o suficiente para fazer uma camada fina no fundo de uma frigideira
1 pitada de sal

Preparo

1. Numa frigideira, misturar o açúcar com a água e deixar ferver até começar a escurecer.
2. Juntar a banana e o coco e, com uma colher de pau, mexer até obter a cor de caramelo. Reservar.
3. Numa vasilha, misturar a goma de tapioca e o sal.
4. Levar ao fogo uma frigideira antiaderente e deixar que fique bem aquecida.
5. Com o auxílio de uma colher, polvilhar a goma de tapioca de modo a preencher todo o fundo da frigideira com uma camada fina.
6. Alisar a tapioca com uma colher para que fique uma superfície plana e uniforme.
7. Assim que se formar uma espécie de beiju, acrescentar a banana e o coco sobre a superfície e dobrar a tapioca ao meio, de modo a cobrir o recheio.

DOCES E BOLOS

BOLO DE BURITI[57]

• 10 porções •

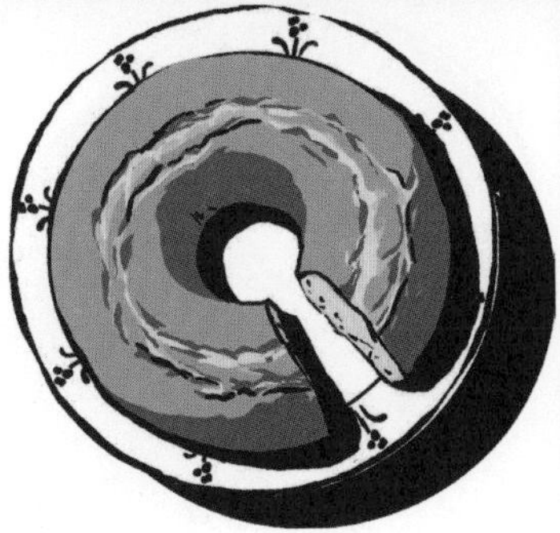

Ingredientes

500 g de farinha de buriti[58]
500 g de farinha de trigo
500 g de açúcar
2 colheres (sopa) de manteiga
6 ovos, separando as gemas das claras, sendo estas batidas em neve
1 l de leite
½ colher (sopa) de fermento em pó

Preparo

1. Numa vasilha, misturar a farinha de buriti com a de trigo. Reservar.
2. Numa batedeira, misturar o açúcar com a manteiga e bater até obter um creme fofo e esbranquiçado.
3. Adicionar as farinhas e bater.
4. Acrescentar as gemas e bater mais.
5. Despejar o leite aos poucos, batendo sempre.
6. Juntar as claras e mexer bem, sem bater.
7. Por fim, colocar o fermento em pó e misturar sem bater.
8. Numa forma untada com manteiga e polvilhada com farinha de trigo, levar ao forno preaquecido a 180 °C por aproximadamente 45 minutos, ou até que, espetando a massa com um palito, este saia limpo de volta.

57. Adaptação da receita preparada pela etnia Taurepang na Terra Indígena Araçá e na Comunidade Indígena Guariba, recolhida pela pesquisadora Clesneide Vieira Marques. Cf. AVENTURA..., *op. cit.*
58. Ver receita no capítulo "Acompanhamentos, ingredientes e condimentos", p. 66.

BOLO DE CUPUAÇU

• 10 porções •

Ingredientes

Para a massa

1 ½ xícara (chá) de polpa de cupuaçu
2 xícaras (chá) de leite
2 ½ xícaras (chá) de açúcar
1 xícara (chá) de manteiga
5 ovos
4 xícaras (chá) de farinha de trigo
1 colher (sopa) de fermento em pó

Para a calda de cupuaçu

1 xícara (chá) de polpa de cupuaçu
½ xícara (chá) de açúcar

Preparo

Massa

1. No liquidificador, bater a polpa de cupuaçu com o leite e ½ xícara (chá) de açúcar. Reservar.
2. Na batedeira, bater o restante do açúcar com a manteiga, até obter um creme fofo e esbranquiçado.
3. Acrescentar os ovos, um a um, e continuar batendo.
4. Juntar a polpa batida no liquidificador ao conteúdo da batedeira e bater mais.
5. Acrescentar a farinha de trigo aos poucos, batendo sempre.
6. Adicionar o fermento e misturar sem bater.
7. Assar numa forma de bolo grande (com furo no meio) untada com manteiga, em forno preaquecido a 180 °C, por cerca de 45 minutos, ou até que, espetando a massa com um palito, este saia limpo de volta.
8. Desenformar o bolo depois de frio e espalhar a calda de cupuaçu sobre a superfície.

Calda de cupuaçu

Numa panela, misturar a polpa de cupuaçu e o açúcar e levar ao fogo médio, mexendo sempre, por aproximadamente 15 minutos ou até obter consistência de geleia.

BOLO DE MACAXEIRA

• 10 porções •

Ingredientes

3 ovos
1 colher (café) de sal
2 xícaras (chá) de macaxeira (mandioca) ralada
2 xícaras (chá) de açúcar
50 g de coco fresco ralado
100 ml de leite de coco
2 colheres (sopa) de manteiga
4 colheres (sopa) de queijo minas meia cura ralado
1 colher (sobremesa) de fermento em pó

Preparo

1. Bater as claras em neve com o sal.
2. Juntar as gemas e bater bem.
3. Acrescentar os outros ingredientes e misturar até obter uma massa homogênea.
4. Assar em forno médio preaquecido numa forma de 30 x 20 cm por aproximadamente 45 minutos.

Sugestão

Servir o bolo cortado em quadrados.

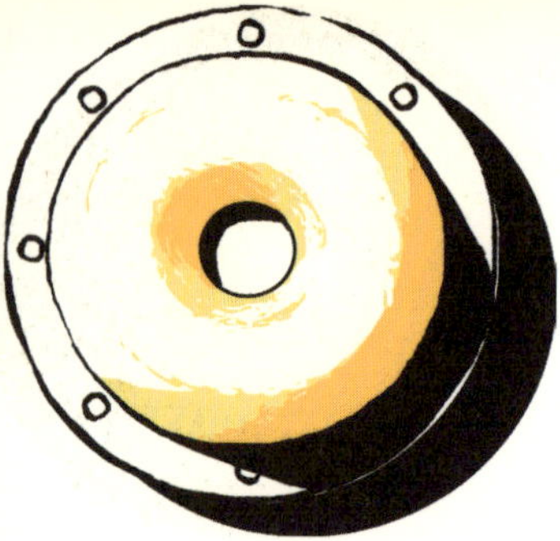

BOLO DE TAPIOCA

• 6 porções •

Ingredientes

2 xícaras (chá) de farinha de tapioca
5 xícaras (chá) de leite
½ xícara (chá) de coco fresco ralado
4 ovos
2 xícaras (chá) de açúcar
150 g de manteiga amolecida

Preparo

1. Numa vasilha, misturar a farinha de tapioca com 3 ½ xícaras do leite e deixar repousar por 1 hora, mexendo de vez em quando para não endurecer. Reservar.
2. No liquidificador, bater o coco ralado com o restante do leite. Reservar.
3. Na batedeira, misturar os ovos, o açúcar e a manteiga e bater até obter um creme homogêneo e fofo.
4. Juntar o conteúdo do liquidificador e bater mais.
5. Transferir o conteúdo da batedeira para a vasilha com a farinha de tapioca e leite e mexer bem, até que a massa fique homogênea. Deixar descansar por 5 minutos.
6. Colocar a massa numa forma com furo no meio, untada com manteiga, e levar para assar em forno preaquecido a 200 °C por cerca de 45 minutos, ou até que, espetando a massa com um palito, este saia limpo de volta.
7. Desenformar o bolo depois de frio.

CREME DE CUPUAÇU

• 6 porções •

Ingredientes

500 g de polpa de cupuaçu
395 g (1 lata) de leite condensado
300 g (1 lata) de creme de leite

Preparo

1. Bater todos os ingredientes no liquidificador, até obter uma mistura homogênea.
2. Deixar na geladeira por pelo menos 2 horas.

Sugestão

Servir o creme em taças de sobremesa individuais, com uma pequena porção de geleia de buriti[59] por cima, e polvilhar com castanhas-do-pará trituradas.

59. Ver receita neste mesmo capítulo, p. 92.

CREME-MUSSE DE BURITI

• 6 porções •

Ingredientes

1 tablete de doce de buriti de 400 g
½ xícara (chá) de água
Suco de ½ limão
3 claras de ovos
3 colheres (sopa) de açúcar
Licor de buriti,[60] o suficiente

Preparo

1. Cortar o doce de buriti em pequenos pedaços.
2. Numa panela, misturar o doce com a água e o suco de limão e levar ao fogo, mexendo sempre, até que os pedaços se desfaçam completamente, obtendo-se um creme macio e homogêneo. Reservar e deixar esfriar.
3. Na batedeira, bater as claras em neve, acrescentar o açúcar e bater mais até obter o ponto para suspiro.
4. Juntar as claras batidas com açúcar ao creme de buriti e mexer delicadamente, sem bater, até que a mistura fique com a aparência de uma musse aerada.
5. Distribuir o creme em potinhos individuais e levar à geladeira.
6. Ao servir, adicionar uma colher (sobremesa) de licor de buriti em cada potinho.

60. Ver receita no capítulo "Bebidas", p. 103.

DELÍCIA DE ABACAXI

• 12 porções •

INGREDIENTES

Para o doce de abacaxi

1 abacaxi cortado em cubos
1 xícara (chá) de água
1 xícara (chá) de açúcar

Para o creme

395 g (1 lata) de leite condensado
300 ml de leite
3 gemas passadas por uma peneira

Para a cobertura

3 claras em neve (batidas na batedeira)
3 colheres (sopa) de açúcar
300 g (1 lata) de creme de leite

PREPARO

Doce de abacaxi

Numa panela, misturar todos os ingredientes e levar ao fogo até obter um ponto de doce, isto é, quando a calda estiver medianamente grossa e entranhada na fruta. Deixar esfriar.

Creme

Numa panela, misturar todos os ingredientes e levar ao fogo, mexendo sempre, até obter a consistência de um creme. Deixar esfriar.

Cobertura

Numa vasilha, juntar todos os ingredientes e mexer delicadamente com uma colher até obter uma mistura homogênea.

MONTAGEM

1. Num prato refratário, colocar em camadas o doce de abacaxi, o creme e a cobertura.
2. Levar ao *freezer* por meia hora.
3. Servir gelado.

DOCE DE BURITI

• Cerca de 1 kg de doce •

Ingredientes

1 kg de massa (polpa) de buriti
1 kg de açúcar
1 xícara (chá) de água
2 cravos-da-índia (opcionais)

Preparo

1. Numa vasilha, misturar bem a massa de buriti e o açúcar, tampar e deixar por uma noite na geladeira.
2. Num tacho (preferencialmente de cobre), juntar a mistura do buriti com açúcar à água e ao cravo-da-índia e levar ao fogo médio por cerca de 1 hora, mexendo sempre com uma colher de pau. O ponto do doce estará dado quando o fundo do tacho estiver aparecendo.
3. Assim que o ponto estiver dado, retirar o doce do tacho, pois o cobre pode contaminá-lo com substâncias tóxicas.
4. Deixar o doce amornar e conservá-lo envolvido em um plástico fino, próprio para doces de cortar.

DOCE DE CUPUAÇU[61]

• 6 porções •

Ingredientes

2 xícaras (chá) de polpa de cupuaçu
2 xícaras (chá) de açúcar

Preparo

1. Numa panela, misturar os ingredientes.
2. Levar ao fogo alto, mexendo sempre com uma colher de pau, até engrossar a mistura e o fundo da panela começar a aparecer.

61. Receita da tradição amazônica geral.

DOCE DE PIMENTA

• 15 porções •

Ingredientes

1 l de água
1 ½ kg de açúcar
2 cravos-da-índia
4 paus de canela
1 kg de pimentas-de-cheiro cortadas ao meio, em sentido longitudinal, sem sementes nem cabinhos

Preparo

1. Num tacho de cobre, ferver a água com o açúcar, o cravo-da-índia e a canela e deixar até que se forme uma calda média.
2. Acrescentar a pimenta e cozinhar por cerca de meia hora, ou até que elas estejam macias.
3. Assim que desligar o fogo, retirar o doce do tacho, pois o cobre pode contaminá-lo com substâncias tóxicas.
4. Conservar o doce na geladeira em um pote de vidro.

GELEIA DE BURITI

• 10 porções •

Ingredientes

500 g de polpa de buriti
250 g de açúcar
½ l de água
1 limão
1 pau de canela
1 colher (sobremesa) de gengibre descascado e ralado

Preparo

1. Numa panela, juntar todos os ingredientes e levar ao fogo médio, mexendo sempre.
2. Quando obtiver o ponto de geleia, remover o pau de canela e retirar a panela do fogo.
3. Depois de fria, guardar a geleia na geladeira em um pote de vidro.

GELEIA DE CAÇARI (CAMU-CAMU)

• 5 porções •

Ingredientes

500 g de caçaris lavados e sem caroço
1 kg de açúcar
2 cravos-da-índia (opcionais)

Preparo

1. Passar os caçaris por um processador de alimentos, obtendo uma pasta mole.
2. Numa panela, misturar os caçaris batidos com o açúcar e o cravo-da-índia e levar ao fogo, mexendo sempre, até obter o ponto de geleia.
3. Depois de fria, guardar a geleia na geladeira em um pote de vidro.

PÉ DE MOLEQUE DE CARIMÃ

• 8 porções •

Ingredientes

500 g de carimã (massa puba)
300 g de açúcar
1 pitada de sal
75 g de manteiga sem sal
250 ml de leite
2 ovos batidos
10 castanhas-do-pará trituradas
1 colher (sopa) de sementes de erva-doce
1 colherinha (café) de cravo-da--índia em pó
1 folha de bananeira escaldada em água fervente, para amaciar, e cortada em quadrados de 20 cm
Tiras de folha de bananeira para amarrar os pacotinhos

Preparo

1. Numa vasilha, misturar bem, com as mãos, o carimã, o açúcar, o sal e a manteiga.
2. Juntar o leite e depois os ovos.
3. Acrescentar a castanha-do-pará, as sementes de erva-doce e o cravo-da-índia e misturá-los à massa.
4. Colocar uma porção de massa sobre um quadrado de folha de bananeira, cobrir com outro quadrado, fechar e amarrar com a tira. Assar na chapa ou no forno preaquecido a 180 °C por 40 minutos. Se preferir não usar a folha de bananeira, levar ao forno em uma assadeira untada com manteiga e polvilhada com farinha de trigo por 40 minutos. Depois de frio, cortar o pé de moleque em quadrados.

Observação

Esta receita, comum nas regiões Norte e Nordeste, comporta variações. Há quem acrescente à massa 6 bananas-inajá (ouro), ou de outra variedade, cortadas em pedaços pequenos. Há também quem substitua o leite por leite de coco.

PUDIM DE TAPIOCA

• 6 porções •

Ingredientes

Para a calda caramelizada

1 xícara (chá) de açúcar
½ xícara (chá) de água

Para o pudim

1 xícara (chá) de farinha de tapioca
1 l de leite
1 xícara (chá) de açúcar
395 g (1 lata) de leite condensado
200 ml de leite de coco
4 ovos
2 colheres (sopa) de manteiga
100 g de coco fresco ralado

Preparo

Calda caramelizada

1. Numa panela, levar o açúcar ao fogo e deixar caramelizar.
2. Quando o açúcar estiver derretido, juntar a água, formando um caramelo duro.
3. Deixar a água ferver até derreter todo o açúcar caramelizado, obtendo uma calda escura.

Pudim

1. Numa vasilha, misturar a farinha de tapioca, o leite e o açúcar e deixar descansar por 10 minutos, mexendo de vez em quando para não endurecer. Reservar.
2. No liquidificador, bater o leite condensado, o leite de coco, os ovos e a manteiga.
3. Despejar a mistura na vasilha da farinha de tapioca, juntar o coco ralado e mexer bem.

Finalização

1. Colocar a calda numa forma de pudim e fazer com que ela se espalhe por toda a superfície.
2. Despejar a massa do pudim sobre a calda.
3. Assar em banho-maria, em forno aquecido a 180 °C, por aproximadamente 45 minutos, ou até que, introduzindo um palito no pudim, este saia limpo.
4. Desenformar depois de frio e manter na geladeira.

SUSPIROS DE BURITI[62]

• 6 porções •

Ingredientes

3 claras de ovos
3 colheres (sopa) de açúcar
Creme-musse de buriti,[63] o suficiente

Preparo

1. Na batedeira, bater as claras em neve, acrescentar o açúcar e bater mais até obter o ponto para suspiro.
2. Preencher um saco de confeitar com esse preparo de suspiro. Com uma faca, colocar um pouco do creme-musse de buriti, como um risco grosso, na lateral do saco. Assim, o doce ficará com duas cores, o branco do suspiro e o caramelo-avermelhado do buriti. Usar um bico simples de ½ cm ou o próprio orifício do saco de confeitar.
3. Fazer os suspiros de tamanho pequeno e distribuí-los em uma assadeira forrada com papel-manteiga, guardando alguma distância entre um e outro.
4. Levar ao forno baixo, preaquecido a 150° C, deixando a porta entreaberta. Os suspiros têm que ser assados muito lentamente, de dentro para fora, sem deixar torrar a parte externa.
5. Quando estiverem quase prontos, já durinhos e antes de dourar, desligar o forno e deixá-los lá dentro até esfriarem.

62. Receita estabelecida por Helena Tassara.
63. Ver receita neste mesmo capítulo, p. 88.

TORTA DE CASTANHA-DO-PARÁ

• 8 porções •

Ingredientes

12 ovos
12 colheres (sopa) de açúcar
4 colheres (sopa) de farinha de trigo
1 colher (chá) de essência de baunilha
8 colheres (sopa) de castanha-do-pará triturada

Preparo

1. Na batedeira, bater as claras em neve.
2. Juntar as gemas, uma a uma, batendo sempre.
3. Acrescentar o açúcar aos poucos, sem parar de bater, até obter um creme fofo.
4. Adicionar a farinha de trigo e a essência de baunilha e bater até que a massa fique homogênea.
5. Juntar a castanha-do-pará e misturar sem bater.
6. Assar numa forma de fundo removível (untada com manteiga e polvilhada com farinha de trigo) em forno preaquecido a 200 °C por aproximadamente 40 minutos, ou até que, espetando a massa com um palito, este saia limpo.

TORTA DE CUPUAÇU[64]

• 10 porções •

Ingredientes

Para a massa

1 xícara (chá) de farinha de trigo
3 colheres (sopa) de manteiga
3 colheres (sopa) de açúcar
1 ovo
1 pitada de sal

Para o recheio

2 claras
5 colheres (sopa) de açúcar
2 xícaras (chá) de doce de cupuaçu[65]
1 xícara (chá) de castanha-do-pará triturada

Preparo

Massa

1. Numa vasilha, misturar todos os ingredientes e amassar com as mãos até obter uma massa lisa e homogênea.
2. Untar com manteiga uma forma de fundo removível e cobrir o fundo e a parede lateral com uma camada uniforme da massa. Com um garfo, fazer furos em toda a extensão da massa.
3. Levar ao forno preaquecido a 180 °C e assar até que a massa esteja dourada. Retirar do forno e deixar esfriar.

Recheio e montagem

1. Bater as claras numa batedeira até que fiquem firmes.
2. Juntar o açúcar e bater até obter um creme fofo e branco (ponto de suspiro).
3. Espalhar o doce de cupuaçu sobre a massa assada, polvilhar com a castanha-do-pará e cobrir com o suspiro. Com a parte côncava de uma colherinha, fazer pequenos picos sobre o suspiro.
4. Levar ao forno preaquecido a 200 °C e deixar até que o suspiro esteja assado.

64. Receita da tradição amazônica geral.
65. Ver receita neste mesmo capítulo, p. 91.

BEBIDAS

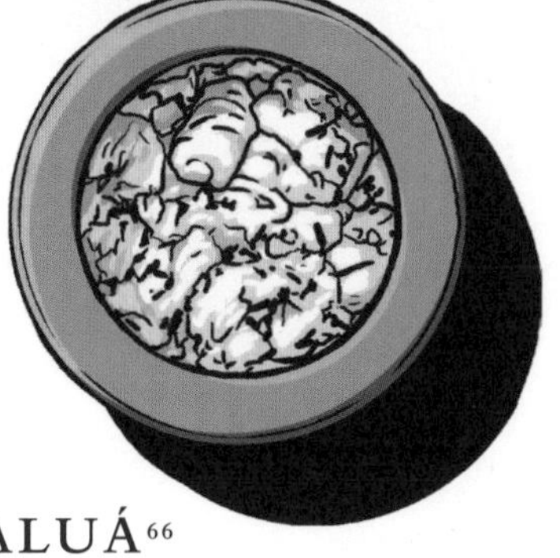

ALUÁ[66]

• 4 litros •

Ingredientes

2,5 l de grãos de milho seco, sendo a metade ligeiramente torrada no forno
4 l de água
500 g de gengibre descascado e ralado
2 kg de açúcar mascavo

Preparo

1. Colocar em um pote de barro o milho e a água e deixar descansar por 3 dias.
2. Juntar o gengibre e o açúcar mascavo e deixar por mais 5 dias.
3. Coar a bebida numa peneira fina.
4. Guardar em geladeira.

66. Bebida alcoólica.

CAXIRI[67]

De acordo com a tradição indígena, apenas as mulheres participam do preparo do caxiri, que começa com a colheita da mandioca-brava. A partir daí, são várias as etapas a ser percorridas em alguns dias, como segue.

1. A mandioca é ralada a fim de obter uma massa pastosa, que é misturada em água e cozida em panelas de barro de 24 a 48 horas.
2. A massa é peneirada e levada ao forno para se transformar em um beiju grosso e bem tostado.
3. O beiju é umidificado com água e colocado no chão sobre folhas de bananeira, que, por sua vez, estão postas sobre uma camada de cinzas.
4. Sobre o beiju se jogam folhas piladas da planta chamada "periquiteira" ou "curumim".
5. Depois de 3 dias de fermentação, a massa é "levantada"; nessa etapa, tem consistência mole e um sabor adocicado, podendo, inclusive, ser comida. Se a fermentação prosseguir por mais tempo, o teor alcoólico aumentará, e a bebida passará a ter maior potencial de embriaguez.
6. A massa úmida é passada numa peneira. A parte líquida obtida é o caxiri.

67. Bebida alcoólica.

CAXIRI DE FLOCOS DE MILHO[68]

• 6 porções •

Ingredientes

300 g de flocos de milho pré-cozidos (tipo Milharina)
1 l de água
Açúcar a gosto

Preparo

1. Numa panela, misturar todos os ingredientes e levar ao fogo, mexendo sempre, até obter a consistência de um mingau.
2. Num recipiente semitampado, deixar o mingau fermentar por 3 dias.
3. Bater no liquidificador e coar.

68. Bebida alcoólica.

CHÁ DE CASCA DE BURITI[69]

• 1 porção •

Ingredientes

1 xícara (chá) de água
2 colheres (chá) de cascas secas de buriti
Açúcar ou adoçante a gosto

Preparo

1. Numa chaleira, ferver a água.
2. Retirar do fogo, juntar as cascas de buriti e manter a chaleira tampada por 5 minutos.
3. Adoçar e servir a infusão quente ou fria.

69. Receita recolhida pelo pesquisador Herundino Ribeiro entre os Makuxi na comunidade de Guariba, na Terra Indígena Araçá. Cf. AVENTURA..., *op. cit.*

CHIBÉ

• 4 porções •

Ingredientes

1 cebola cortada em pedaços pequenos
2 xícaras (chá) de farinha-d'água (farinha de mandioca crua)
2 xícaras (chá) de água gelada
Sal a gosto
½ xícara (chá) de folhas de chicória-do-pará (ou de outra verdura da preferência) cozidas e picadas
Molho de pimenta-malagueta a gosto
Suco de 1 limão

Preparo

1. Mergulhar a cebola por 1 minuto numa panela com água fervente, coar numa peneira e deixar esfriar. Reservar.
2. Numa vasilha, misturar a farinha com a água e o sal e deixar de molho até que a farinha absorva toda a água. A consistência deve ser de um mingau mole.
3. Juntar os outros ingredientes e misturar.
4. Servir em cuias.

GUARANÁ

• 1 porção •

• Utilizando o pó

Ingredientes

1 colher (café) de guaraná em pó
200 ml de água (se preferir, usar chá, leite ou suco de fruta, preferencialmente de laranja ou acerola)
Açúcar ou adoçante a gosto
Pedras de gelo a gosto

Preparo

Misturar todos os ingredientes e servir num copo grande.

• Utilizando o xarope

Ingredientes

50 ml de xarope de guaraná
300 ml de água (se quiser, usar leite ou suco de fruta, preferencialmente de laranja ou acerola)
Fruta da preferência picada em pedacinhos (opcional)
Frutas secas (amendoim, castanha-do-pará, castanha-de-caju) trituradas (opcional)

Preparo

Misturar todos os ingredientes e servir num copo grande.
Se acrescentar frutas, servir numa cumbuca com uma colher.

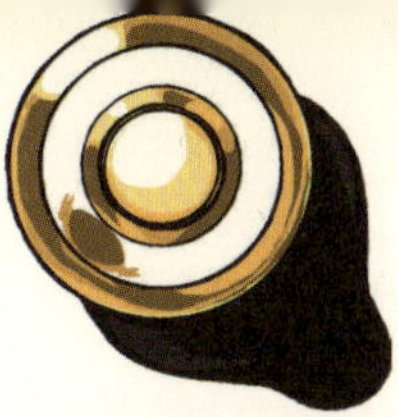

LICOR DE BURITI[70]

• 1 litro •

Ingredientes

500 g de polpa de buriti
500 ml de cachaça branca ou álcool de cereais
250 g de açúcar
500 ml de água

Preparo

1. Colocar a polpa de buriti em infusão na cachaça, num recipiente de vidro hermeticamente fechado, por 2 semanas, agitando a mistura diariamente.
3. Numa panela, dissolver o açúcar na água e levar ao fogo até levantar fervura. Deixar esfriar e juntar ao recipiente do buriti.
4. Fechar o vidro novamente e deixar descansar por 30 dias.
5. Decorrido esse tempo, passar a mistura por um filtro de papel, acondicionar numa garrafa e tampar.
6. Deixar descansar por 30 dias antes de servir.

70. Bebida alcoólica.

LICOR DE CAÇARI (CAMU-CAMU)[71]

• 1 litro •

Ingredientes

500 g de polpa de caçari sem sementes
500 ml de cachaça branca ou álcool de cereais
500 g de açúcar
500 ml de água

Preparo

1. Colocar a polpa de caçari em infusão na cachaça, num recipiente de vidro hermeticamente fechado, por 2 semanas, agitando a mistura diariamente.
3. Numa panela, dissolver o açúcar na água e levar ao fogo até levantar fervura. Deixar esfriar e despejar no recipiente do caçari.
4. Fechar o vidro novamente e deixar descansar por 30 dias.
5. Decorrido esse tempo, passar a mistura por um filtro de papel, acondicionar numa garrafa e tampar.
6. Deixar descansar por 30 dias antes de servir.

71. Bebida alcoólica.

LICOR DE PIMENTA[72]

• 1 litro •

Ingredientes

300 g de pimentas-de-cheiro picadas
500 ml de cachaça branca ou álcool de cereais
250 g de açúcar
500 ml de água

Preparo

1. Colocar as pimentas em infusão na cachaça, num recipiente de vidro hermeticamente fechado, por 2 semanas, agitando a mistura diariamente.
3. Numa panela, dissolver o açúcar na água e levar ao fogo até levantar fervura. Deixar esfriar e juntar ao recipiente das pimentas.
4. Fechar o vidro novamente e deixar descansar por 30 dias.
5. Decorrido esse tempo, passar a mistura por um filtro de papel, acondicionar numa garrafa e tampar.
6. Deixar descansar por 30 dias antes de servir.

72. Bebida alcoólica.

PAJUARU[73]

O pajuaru é semelhante ao caxiri[74], com a diferença de que a massa obtida, depois de ralada a mandioca-brava, não é cozida, mas espremida para a retirada da parte líquida, que contém uma substância venenosa. A seguir, é levada ao forno para a obtenção do beiju, que será fermentado para a produção da bebida.
Pelo fato de a massa da mandioca não ser cozida antes de ir ao forno, aliado ao maior tempo de fermentação, o teor alcoólico do pajuaru é mais elevado que o do caxiri, razão pela qual é conhecido pelo poder de embriagar.

73. Bebida alcoólica.
74. Ver neste mesmo capítulo, p. 99.

SUCO DE CAÇARI (CAMU-CAMU)

• 1 porção •

Ingredientes

200 g de polpa de caçari
200 ml de água
Açúcar ou adoçante a gosto

Preparo

1. Bater todos os ingredientes no liquidificador. A proporção entre polpa e água pode ser alterada de acordo com a consistência preferida.
2. Coar e servir com pedras de gelo em um copo grande.

SUCO DE CUPUAÇU

• 1 porção •

Ingredientes

100 g de polpa de cupuaçu
200 ml de água
Açúcar ou adoçante a gosto

Preparo

1. No liquidificador, bater a polpa de cupuaçu com a água e o açúcar ou adoçante. A proporção entre polpa e água pode ser alterada de acordo com a consistência preferida.
2. Coar e servir com pedras de gelo em um copo grande.

SUCO DE GRAVIOLA

• 1 porção •

Ingredientes

100 g de polpa de graviola
200 ml de água
Açúcar ou adoçante a gosto

Preparo

1. No liquidificador, bater a polpa de graviola com a água e o açúcar ou adoçante. A proporção entre polpa e água pode ser alterada, de acordo com a consistência preferida.
2. Coar e servir com pedras de gelo em um copo grande.

VINHO DE AÇAÍ

• 1 porção •

Ingredientes

200 ml de polpa de açaí
200 ml de água
Açúcar ou adoçante (opcional)

Preparo

1. Misturar os ingredientes e bater no liquidificador. A proporção entre polpa e água pode ser alterada de acordo com a consistência preferida.
2. Coar e servir gelado numa cuia, acompanhado de farinha-d´água (farinha de mandioca crua).

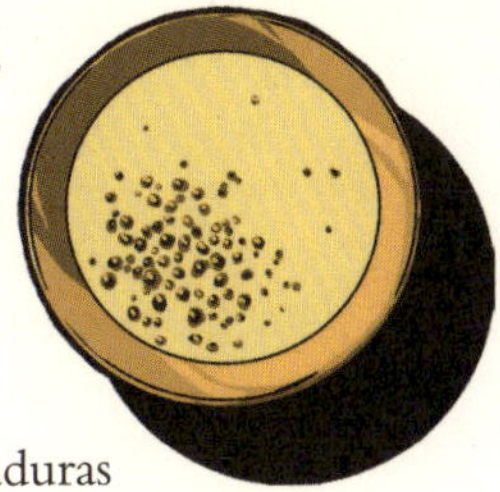

VINHO DE BACABA

• 2,5 litros •

Ingredientes

5 kg de bacabas maduras
Água quente para amolecer a polpa, o suficiente
2 ½ l de água para acrescentar aos frutos limpos
Açúcar ou adoçante (opcional)

Preparo

1. Colocar as bacabas em um recipiente grande e cobri-las com a água quente.
2. Deixar de molho até que a água esfrie e a polpa dos caroços amoleça.
3. Escorrer e passar os frutos para uma vasilha grande.
4. Amassar bem os frutos, até que a polpa se solte dos caroços, acrescentando a água aos poucos.
5. Coar em peneira fina.
6. Se desejar, adoçar a bebida.
7. Servir gelado, numa cuia, tendo como acompanhamento farinha-d'água.

VINHO DE BURITI

• 1 porção •

Ingredientes

100 g de polpa de buriti
250 ml de água
Açúcar ou adoçante a gosto

Preparo

1. No liquidificador, misturar os ingredientes e bater. A proporção entre polpa e água pode ser alterada de acordo com a consistência preferida.
2. Coar e servir gelado em uma cuia, acompanhado de farinha-d'água.

REFERÊNCIAS

APRENDA a fazer um risoto de cupuaçu. [20--]. 1 vídeo (8 min.). Disponível em: http://g1.globo.com/ac/acre/videos/t/amazonia-rural/v/parte-3-aprenda-a-fazer-um-risoto-de-cupuacu/7188936/. Acesso em: 14 fev. 2020.

ARCE, Belisário (org.). *Gastronomia pan-amazônica*: melhores receitas da Amazônia continental. Manaus: Panamazônia, 2017.

AVENTURA em Roraima. *Globo Repórter*. [20--]. Disponível em: http://globoreporter.globo.com/Globoreporter/0,19125,VVM0-2708-16149-1-0,00.html. Acesso em: 20 nov. 2019.

BARBOSA, Reinaldo Imbrozio *et al. Pimentas de Roraima*. Manaus: Inpa; Edua, 2006.

BEDNARCZUK, Iara. Galinha caipira ao *curry*. *Blog da Iara*. 9 set. 2019. Disponível em: http://blogdaiara.com.br/2019/09/09/galinha-caipira-ao-curry/. Acesso em: 10 out. 2019.

BOSISIO, Arthur (coord.). *Culinária amazônica*: o sabor da natureza. Rio de Janeiro: Senac, 2000.

BOSISIO, Arthur (coord.). *Culinária nordestina*: encontro de mar e sertão. Rio de Janeiro: Senac, 2001.

BOSISIO, Arthur (coord.). *Do pampa à serra*: os sabores da terra gaúcha. Rio de Janeiro: Senac, 1999.

CAMARA CASCUDO, Luis da. *História da alimentação no Brasil*. Belo Horizonte: Itatiaia; São Paulo: Edusp, 1983. v. 1.

CARVALHO, Ana Judith de. *Cozinha típica brasileira*: sertaneja e regional. Rio de Janeiro: Ediouro, 1998.

CASTELO BRANCO, Maria Luisa Ximenes. Panelas de barro macuxi, patrimônio roraimense: entre a visão, a experiência e a produção da comunidade para a cidade. *In*: ALBUQUERQUE, Carolina Viana (org.). *Coletânea de artigos patrimônio cultural de Roraima*. Boa Vista: Iphan, 2019. p. 113-128.

DONA Benta: comer bem: 1001 receitas de bons pratos. São Paulo: Nacional, 2004.

DONA Kalu prepara carne de sol na nata do leite com acompanhamentos da culinária indígena. [201-]. 1 vídeo (19 min.). Disponível em: http://redeglobo.globo.com/videos/t/auditorio/v/dona-kalu-prepara-carne-de-sol-na-nata-do-leite-

-com-acompanhamentos-da-culinaria-indigena/5819182/?mais_vistos=1. Acesso em: 20 nov. 2019.

DÓRIA, Carlos Alberto; CORRÊA, Marcelo. *A culinária caipira da Paulistânia*: a história e as receitas de um modo antigo de comer. São Paulo: Três Estrelas, 2018.

FÉLIX, Jackson. Tradicional restaurante de Boa Vista ensina como fazer peixe à delícia. *G1*, 6 jul. 2016. Disponível em: http://g1.globo.com/rr/roraima/noticia/2016/07/tradicional-restaurante-de-boa-vista-ensina-como-fazer-peixe-delicia.html. Acesso em: 26 set. 2019.

FERNANDES, Caloca. *Viagem gastronômica através do Brasil*. São Paulo: Senac, 2000.

FERRAZ, Flávio. *A culinária do Rio de Janeiro*: da colônia à atualidade. São Paulo: Metalivros, 2017.

HOUAISS, Antônio. *Minhas receitas brasileiras*. São Paulo: Art, 1990.

INSTITUTO SOCIOAMBIENTAL. *Ana amopö cogumelos*: enciclopédia dos alimentos yanomami (*sanöma*). São Paulo: Instituto Socioambiental; Hutukara Associação Yanomami, 2016.

LORENZ, Sônia da Silva. *Sateré-Mawé*: os filhos do guaraná. São Paulo: Centro de Trabalho Indigenista, 1992.

LORENZI, Harri. *Palmeiras no Brasil*: exóticas e nativas. Nova Odessa: Plantarum, 1996.

LORENZI, Harri; LACERDA, Marco Túlio Côrtes; BACHER, Luis Benedito. *Frutas no Brasil*: nativas e exóticas (de consumo *in natura*). São Paulo: Instituto Plantarum de Estudos da Flora, 2015.

LOUREIRO, Chloé. *Doces lembranças*. São Paulo: Marco Zero, 1987.

MARCELLINI, Rusty; FERRAZ, Rodrigo. *Fartura*: Expedição Brasil Gastronômico. São Paulo: Melhoramentos, 2015. v. 3.

MARTINS, Paulo. *Culinária paraense*. Belém: Instituto de Educação e Cultura da Amazônia, 2010.

MIXIRA: tradição exótica e saudável. *Folha de Boa Vista*, 21 maio 2018. Disponível em: https://folhabv.com.br/noticia/VARIEDADES/Cultura/Mixira--tradicao--exotica-e-saudavel/40058. Acesso em: 3 set. 2020.

MONTENEGRO FILHO, Heleno Guedes. *"Waynau Iribennau!"*: Brasil e Guiana na construção da alteridade Wapichana. 2016. Dissertação (Mestrado em Sociologia) – Universidade Federal de Roraima, Boa Vista, 2016.

NASCIMENTO FILHO, Herundino Ribeiro do. *Etnoconservação e valorização do buriti (*Mauritia flexuosa*) na comunidade Guariba, Terra Indígena Araçá, Roraima*. 2013.

Dissertação (Mestrado em Economia) – Faculdade de Ciências Econômicas, Universidade Federal do Rio Grande do Sul, Porto Alegre, 2013.

NASCIMENTO FILHO, Herundino Ribeiro do *et al.* Pimentas do gênero *Capsicum* cultivadas em Roraima, Amazônia brasileira. *Acta Amazonica,* v. 4, n. 37, p. 561-568, 2007.

NUNES PEREIRA. *Panorama da alimentação indígena*: comidas, bebidas & tóxicos na Amazônia Brasileira. Rio de Janeiro: Livraria São José, 1974.

ORICO, Osvaldo. *Culinária amazônica.* Belém: Universidade Federal do Pará, 1972.

PANDOLFI, Ricardo. *Amazônia.* São Paulo: Abril Coleções, 2009. (Cozinha regional brasileira, v. 19).

PEREIRA, Marcos da Veiga (coord.). *A culinária baiana no restaurante do Senac Pelourinho.* Rio de Janeiro: Senac, 1996.

SALDANHA, Roberta Malta. *Culinária brasileira, muito prazer*: tradições, ingredientes e 170 receitas de grandes profissionais do país. São Paulo: Alaúde, 2017.

SAMPAIO, A. J. *A alimentação sertaneja e do interior da Amazônia.* São Paulo: Companhia Editora Nacional, 1944.

SANTOS, Lúcia C. *Frutas de doce, doces de frutas.* Rio de Janeiro: F. Briguiet & Cia., 1950.

SILVA, Adeilson Lopes (coord.). *Pimenta jiquitaia baniwa.* São Paulo: Instituto Socioambiental; São Gabriel da Cachoeira: Oibi; Rio Negro: Foirn, 2016.

SILVA, Silvestre (fotografia); TASSARA, Helena (texto). *Frutas Brasil frutas.* São Paulo: Empresa das Artes, 2005.

SOLON, Ivonio. Como se faz o caxiri (pajuaru). *Ivonio Solon Wapichana.* 2013. Disponível em: http://ivoniosolon.blogspot.com/2013/01/como-se-faz-o-caxiri-pajuaru.html. Acesso em: 20 mar. 2019.

SOUZA, Cledlene Silva Fernandes. *A culinária regional roraimense*: uma identidadecultural construída. 2019. Monografia (TCC em História) – Universidade Federal de Roraima, Boa Vista, 2019. Disponível em: http://ufrr.br/historia/index.php?option=com_phocadownload&view=category&download=241:a-culinaria-regional-roraimense-uma-identidade-cultural-construida&id=4:publicacoes&Itemid=204. Acesso em: 10 out. 2020.

TRAJANO, Ana Luísa. *Básico*: enciclopédia de receitas do Brasil. São Paulo: Melhoramentos, 2017.

TREVISANI, Bruna. *A cozinha amazônica.* São Paulo: Melhoramentos, 2002.

SITES CONSULTADOS

Artesanato e culinária macuxi em Roraima. Disponível em: culinariamacuxirr.blogspot.com. Acesso em: 23 set. 2019.

Brasil channel. Disponível em: www.brasilchannel.com.br. Acesso em: 19 set. 2019.

Comidas típicas. Disponível em: comidastipicas.site. Acesso em: 19 set. 2019.

Estados e capitais do Brasil. Disponível em: www.estadosecapitaisdobrasil.com. Acesso em: 19 set. 2019.

Fartura Brasil. Disponível em: www.farturabrasil.com.br. Acesso em: 26 set. 2019.

Folha de Boa Vista. Disponível em: folhabv.com.br. Acesso em: 25 out. 2019.

Globo Repórter. Disponível em: globoreporter.globo.com. Acesso em: 20 nov. 2019.

Indo viajar. Disponível em: www.indoviajar.com.br. Acesso em: 20 set. 2019.

Receitas típicas. Disponível em: www.tipicas.com.br. Acesso em: 19 set. 2019.

Rede Globo. Disponível em: redeglobo.globo.com. Acesso em: 20 set. 2019.

Roraima online. Disponível em: roraimaonlinee.blogspot.com. Acesso em: 19 set. 2019.

Sebrae. Disponível em: www.sebrae.com.br. Acesso em: 23 set. 2019.

Turismo Roraima. Disponível em: www.turismo.rr.gov.br. Acesso em: 8 out. 2019.

Visite o Brasil. Disponível em: www.visiteobrasil.com.br. Acesso em: 19 set. 2019.

Dados Internacionais de Catalogação na Publicação (CIP)
(Câmara Brasileira do Livro, SP, Brasil)

Ferraz, Flávio

A culinária de Roraima / Flávio Ferraz ; ilustração Alice Tassara. – São Paulo, SP : Metalivros, 2021.

ISBN 978-85-8220-035-3

1. Culinária brasileira - Roraima (Estado) 2. Receitas culinárias 3. Roraima - Usos e costumes I. Tassara, Alice. II. Título.

21-86311 CDD-641.598114

Índices para catálogo sistemático:

1. Culinária brasileira : Roraima : Estado : Culinária 641.598114

Eliete Marques da Silva - Bibliotecária - CRB-8/9380

Metalivros
Rua Prof. Laerte Ramos de Carvalho, 147 (entrada 133)
01325-030 Bela Vista SP
metalivros@metalivros.com.br
www.metalivros.com.br